Daniela Liebich

Mit Kindern richtig reden

Daniela Liebich

Mit Kindern richtig reden

Wirksam erzählen, ermahnen erklären

Herder
Freiburg · Basel · Wien

Gedruckt auf umweltfreundlichem,
chlorfrei gebleichtem Papier

5. Auflage

Herstellung: Freiburger Graphische Betriebe 1998
ISBN 3-451-26155-3

Inhalt

1. Eine persönliche Einführung

1.1 Erziehung heißt Beziehung

Unsere Töchter sind jetzt zehn und sechs Jahre alt, und als Pädagogin, die hier ein Buch über „Leben mit Kindern" schreibt, möchte ich zunächst einmal zugeben: Ich selbst halte mich nicht für eine Supermami!

Es liegt mir wenig, mich für meine Familie aufzuopfern. Ich bin häufig unterwegs, um Seminare zu halten. Meine Kinder müssen sich oft tagelang mit mehr oder weniger geliebten Kinderfrauen und Babysittern abfinden. In Zeiten wie dieser, wo ich schreibe, müssen sie über Wochen akzeptieren, daß ich manchmal auch nachmittags, wenn sie da sind, zwei bis drei Stunden am Computer sitze und wenig „Spielzeit" für sie habe.

Im chronisch unaufgeräumten Kinderzimmer (was mich meist wenig stört) muß man nach sogenanntem pädagogisch wertvollen Spielzeug lange fahnden. Barbies, Kens und deren rosa-goldene Accessoires tummeln sich dort mit bunthaarigen Trolls, Schlümpfen und Plastik-Dinos. Das teure anthroposophische Holzpuppenhaus steht verstaubt und verwaist in der Ecke.

Auch ein angemessenes Kreativitäts-Begabungs-Förderprogramm haben wir wahrscheinlich sträflich vernachlässigt. Wir waren weder im „Baby-Fitness-Club" noch im Kursus „Spielend lernen für Zwei- bis Dreijährige". Wir haben die „Schule der Phantasie" nicht besucht, und den Flötenunterricht hat unsere Jüngste nach der vierten Stunde entschlossen abgebrochen. Die Große besucht weder das Kiddy-Judo noch einen Junior-Tennisclub – und Klavierunterricht momentan: kein Bock!

Ich glaube auch nicht, daß unsere Kinder eine hundertprozentige Erziehung im Sinne von „das macht man und das macht man nicht" oder „dieses Verhalten ist richtig und jenes Verhalten ist falsch" erhalten haben.

Kinder müssen nicht perfekt sein! Und Mütter müssen ebenfalls nicht perfekt sein! Ich denke, man kann als Eltern Prioritäten setzen. Es ist nervig und letztlich nutzlos, Kinder wegen ihres Verhaltens ständig zu belehren, zu verbessern und zu benörgeln. Meine Kinder finden es z. B. völlig abwegig, ohne tägliche Aufforderung ihre Pantoffeln anzuziehen, und die Turnschuhe landen beim Heimkommen schräg unter der Kommode. Liebend gerne essen sie heute noch Pommes frites mit den Fingern. Ausdrücke wie „superaffengeil" oder „der olle Mega-Schisser" gehören zu ihrem alltäglichen, ungetadelten Wortschatz. Sie lieben es, gelegentlich beim Essen fernzusehen. Sie erledigen ihre Hausaufgaben in 12,6 Minuten und bestehen penetrant darauf, im elterlichen Bett einzuschlafen, aus denen wir sie dann mitten in der Nacht in die eigenen Betten zurückschleppen. Und unter uns gesagt: Obendrein liebe ich es, die beiden zu verwöhnen, wo immer es geht! – Wohlgemerkt nicht unbedingt mit materiellen Dingen, sondern mit Zeit, Zuwendung, Extrawürstchen, Gesprächen und Körperkontakt.

Aber ich denke, und dies ist für mich der entscheidende Punkt, daß wir eine sehr gute Beziehung zueinander haben. Das bedeutet für mich mehr als alle pädagogischen Maßnahmen, als Verhaltenstechniken oder erzieherische Tricks, als erzwungene Klavierstunden und weggeräumte Turnschuhe. Wir vertrauen uns voll, wir haben großen Respekt voreinander und sind sehr stolz aufeinander. Ich bin mir sehr sicher, daß wir uns noch nie ernsthaft belogen haben, denn ich schimpfe selten und strafe (schlage) meiner Ansicht nach nie. Wir können uns aufeinander verlassen, weil wir uns voll vertrauen. Wir stehen in ständigem Dialog miteinander.

Trotz eines nur befriedigenden Verhaltens als Mutter (wenn ich mich selbstkritisch bewerte), trotz eines nur unvollkommenen Erziehungsverhaltens möchte ich behaupten, daß meine Kinder (bis jetzt) glücklich und selbstbewußt sind. Denn sie wissen, daß sie von ihren Eltern geliebt und bewundert werden. Sie sind kreativ und phantasievoll, denn wir schränken sie nur ein, wo es unbedingt nötig ist. Sie sind freundlich und beliebt bei Kindern, Erwachsenen und Lehrern, denn wir sind freundlich und liebevoll zu ihnen. Sie sind nicht aggressiv, weil wir uns bemühen, den eigenen Frust nicht an ihnen auszulassen und so humorvoll und locker wie möglich zu sein. Trotzdem versuchen wir, und das ist wichtig, sehr früh klare Grenzen zu setzen, wenn uns etwas stört. Ich glaube, daß wir sie nicht überfordern und uns immer bemühen, uns nicht durch sie überfordern zu lassen.

Unsere Kinder sind meiner Meinung nach hilfsbereit, zärtlich, witzig, ehrlich und kritisch, weil wir zu ihnen hilfsbereit, zärtlich, witzig, ehrlich und kritisch sind. Sie lassen sich ohne Kraftaufwand lenken und beraten. Konservative Pädagogen würden sagen: Sie folgen aufs Wort – mir zuliebe. Und dies alles nicht, weil sie besonders liberal und wenig autoritär erzogen werden oder weil sie irgendwie unterdrückt werden, nicht weil ich Pädagogik studiert habe oder besonders viele kinderpsychologische Tricks kenne, sondern weil mein oberster Grundsatz die bewußte Pflege unserer freundschaftlichen, liebevollen Beziehung ist.

Die Erziehung ist heute durch einen ständigen Widerspruch gekennzeichnet: Die freiheitliche Erziehung ist durch die heutigen Lebensbedingungen, vor allem in den Städten, erheblich eingeschränkt. Und gerade die liberale Grundhaltung, daß Kinder sich weitgehend uneingegrenzt entfalten sollen, bringt einen ungeahnten Kontrollbedarf mit sich. Die „kleine Aktion" eines dreijährigen Kindes, das im Restaurant über die Rücken und Armlehen der Stühle klettern darf, erfordert den ständig kontrollierenden Blick der Mutter, ihren ängstlich angespannten, zum Sprung bereiten Körper, um eventuell einen schlimmen Sturz zu vermeiden (1). Nur ausnahmsweise finden sich Refugien, in denen Kinder stundenlang unbeaufsichtigt in Wald und Feld, am Bach, an Tümpeln und in Scheunen spielen können. Heute haben Kinder zwar alles und können alles machen, ausprobieren und lernen, sind dabei aber niemals unbeaufsichtigt und ständig unter der mehr oder weniger förderlichen Kontrolle von Erwachsenen.

Was bleibt den Kindern anderes, als sich im eigenen Zimmer, in gestohlenen Minuten zwischen Schule, Hausaufgaben und Tenniskurs, mit dem Gameboy oder dem Computerspiel zu verschanzen?

Die Erwachsenen wiederum taumeln verunsichert zwischen den eigenen liberalen Ansprüchen und der selbst erfahrenen autoritären Erziehung hin und her, vor allem wenn es um eine heutzutage wirklich notwendige Kontroll- und Schutzfunktion geht: Kann man eine Siebenjährige alleine über zwei nicht ungefährliche große und vier kleine Straßenkreuzungen in die Schule gehen lassen? Schützt der vierfach mit Rückstrahlern ausgestattete super TÜV-geprüfte Schulranzen die verträumte Unsicherheit der Erst- und Zweitkläßler? Kann man 14-, 15-, 16jährige heute alleine durch Städte, Parks und Diskos ziehen lassen? Wo endet die notwendige Einschränkung der Freiheit, und wo beginnt eine letztlich verantwortungslose Überforderung? Liberalität kann da schnell zur Fahrlässigkeit werden. Manche Eltern glauben gar, sich durch liberale Verwöhnung das Vertrauen ihrer pubertierender Kinder erhalten zu können. Sie übersehen dabei, daß „Laissez-faire" (mach, was du willst) von Kindern und Jugendlichen gerade nicht als Zeichen von Respekt und Liebe gedeutet wird, sondern auf die Dauer als Desinteresse und als Angst vor einer Auseinandersetzung. Durch viel Erlauben wird der Kontakt zwischen Eltern und Kindern eher belastet. Die Chance, solche Konflikte zwischen Erlauben und Kontrolle zu bewältigen, besteht darin, die Eltern-Kind-Beziehung qualitativ zu gestalten: eine Beziehung, die dadurch gekennzeichnet ist, daß man sich aufeinander einläßt und sich miteinander in einem ständigen Dialog befindet. Das läßt natürlich dann ein (bequemes) „Ich erlaube ihm alles!" nicht mehr zu.

„Erziehung ist Beziehung", diese Aussage von Martin Buber ist meiner Ansicht nach der Kern jedes erzieherischen Verhaltens. Und nur wer dies verstanden und akzeptiert hat, wird wenig Schwierigkeiten im Zusammenleben mit seinen Kindern haben. Er ist der einfachste und entspannteste Weg, sein Kind selbstbewußt und glücklich werden zu lassen und dadurch selber auch selbstbewußt und glücklich zu sein.

Wodurch entstehen aber gute, also auch krisentragende Beziehungen?

Beziehungen entstehen dadurch, daß man etwas übereinander weiß, etwas miteinander macht oder, wie im Eltern-Kind-Verhältnis, daß man voneinander abhängig ist. Beziehungen wachsen und gedeihen durch positive gemeinsame Erfahrungen, und vor allem durch geeignete, hilfreiche Kommunikation (das ist die Art, wie Menschen sprachlich und nichtsprachlich miteinander umgehen). Sie leben von einem ständigen partnerschaftlichen Austausch, von Bedürfnissen, Wünschen, Grenzen und Gefühlen sowie von einen ständigen Dialog über gesellschaftliche und lebensgeschichtliche Erfahrungen: z.B. über das Thema Schule und Leistung, über Konsum und Konsumbeschränkung, über Umweltfragen, über politische und demokratische Möglichkeiten für den einzelen und für Familien. Über solche Themen läßt sich durchaus kindgemäß reden!

Dagegen verschlechtern sich oder zerfallen Beziehungen durch wenige oder negative gemeinsame Erfahrungen (z.B. Strafen) und die Erfahrung, allein gelassen zu werden. Vor allem aber sind sie bedroht durch eine respektlose, selbstwertmindernde, aggressive Art, miteinander zu reden.

Es gibt viele versteckte Arten, abwertend miteinander zu reden. Man muß den anderen nicht mit einem Schimpfwort bedenken, um ihm zu zeigen, daß man nicht viel von ihm hält. Man kann mit Sprache (verbal) und mit Gesten (nonverbal) viel schmerzhafter Nichtachtung ausdrücken. Durch solche „heimlichen Abwerter" verschlechtern sich oft unbemerkt und schleichend die Beziehungen in Familien, auch zwischen den Erwachsenen.

Beziehungen zerfallen auch dort, wo man sich nicht voneinander abgrenzt und versäumt, ständig neu gegenseitig Grenzen abzustecken.

Diese Aufgaben sind alle erschwert dadurch, daß Kinder von Natur aus in einem Abhängigkeitsverhältnis zu ihren Eltern stehen.

Die heutige Kindergeneration braucht keine neuen, starken Autoritäten, sondern das ständige Gespräch mit Eltern und Erziehenden (auch Lehrern), das die Leistungserwartungen, das Leben im materiellen Überfluß, die Erfahrung zunehmender Gewalt und die prägende Kraft der Fernsehklischees begleitet. Es kann ihnen die Klugheit, die Erfahrungen und so etwas wie großzügige Souveränität der älteren Generation nahebringen. Solche Gespräche zeigen sowohl inhaltlich als auch auf einer formalen Ebene: Du bist wichtig: für mich, für unsere Familie und für unsere ganze Gesellschaft.

Wie man sinnvoll, selbstwertsteigernd und beziehungsfördernd mit Kindern im Gespräch bleibt und konkret miteinander in der Familie sprechen kann, ist das Thema dieses Buches. Es werden anhand von vier kommunikationstheoretischen Ansätzen (in Kapitel 2) und vielen Beispielen aus dem Alltag mit Kindern sehr konkrete sprachliche und nichtsprachliche Reaktionsmöglichkeiten vorgeschlagen. Um eigene alltägliche oder problematische Gesprächssituationen in der Familie bewußt zu gestalten, muß man es wirklich wollen, sich darauf einlassen und die Kommunikation bei sich selbst sowie bei anderen beobachten lernen. Das macht Spaß und ist eine interessante Erfahrung. Mit ein wenig Übung bekommt man bald ein Gespür dafür, was in den unterschiedlichen Erziehungssituationen sinnvoll und konstruktiv ist.

1.2 Weshalb geeignete Kommunikation das A und O im Erziehungsalltag ist

Durch die Art, wie wir miteinander sprechen und umgehen, entsteht, verfestigt sich oder zerfällt die Qualität einer Beziehung, in unserem Fall die einmalige, sicherlich intensivste Beziehung des Lebens, die zwischen Eltern und ihren Kindern.

Man kennt verschiedene Arten von Beziehungen:

Es gibt voneinander abhängige Beziehungen, die meistens unfreiwilliger Natur sind. Hierzu gehören die Beziehungen zwischen Eltern und Kindern, unter Geschwistern, Verwandten, Nachbarn oder Kollegen. Ihnen stehen freiwillige Beziehungen zwischen Freunden oder lockere Partnerbeziehungen gegenüber. Im allgemeinen wird in freiwilligen Beziehungen freundlicher, höflicher und vorsichtiger miteinander umgegangen als in unfreiwilligen Verbindungen.

Eine andere Klassifizierung ist folgende:

1. Gleiche (symmetrische) Beziehungen: z. B. bei Freunden, bei gleichgestellten Kollegen, in guten Ehen, bei Schülern einer Klasse.

2. Ungleiche, sich ergänzende (komplementäre) Beziehungen: z. B. zwischen einem Chef und seinen Angestellten, zwischen Lehrern und Schülern, zwischen Arzt und Patient und selbstverständlich zwischen Eltern und Kindern. Bei dieser Form der Beziehung gibt es immer eine Hierarchie, eine Über- und Unterordnung.

Man kann sich vorstellen, daß es im allgemeinen angenehmer ist, in „Ober-Position" zu sein, weil man den Ton angeben und Anweisungen an andere geben kann, statt selbst gehorchen zu müssen. Wir Erwachsenen leben normalerweise in so vielen unterschiedlichen Rollensituationen, daß wir oft gleichgestellt, manchmal aber in der mächtigeren Position sind. Wenn wir dann im Beruf dem Chef gegenüber der „Untergebene" sind, können wir dies leichter akzeptieren. Wir stecken das sozusagen weg. Kinder sind dagegen immer die Schwächeren und weniger Mächtigen, außer in ihrer Freundesclique. Sie sind von uns Erwachsenen weitgehend abhängig.

Dadurch ist das Verhältnis von Erwachsenen und Kindern die heikelste Beziehungskonstellation überhaupt. Sie macht Kinder zwangsläufig empfindlich und kränkbar, insbesondere durch jede noch so leise Andeutung, die ihnen diese Position bewußt macht und sie ihre Abhängigkeit immer wieder deutlich spüren läßt. Besonders in den bekannten heiklen Altersabschnitten: im Trotzalter, in der Pubertät und manchmal auch bei den Sechs- bis Siebenjährigen. In diesen Stadien sind Kinder entwicklungsgemäß auf Protest eingestellt und lieben und üben die Ich-Abgrenzung durch die Auseinandersetzung mit den Eltern, vor allem mit der Mutter!

Die erste Kunst in der Erziehung besteht darin, dem Kind trotz seiner faktisch vorhandenen Unterlegenheit, seiner totalen Abhängigkeit durch Körpergröße, Unwissenheit, Unerfahrenheit, seiner ökonomischen Abhängigkeit usw., dies nicht ständig durch Worte, Gesten und Taten zu zeigen. Denn es macht traurig und verzweifelt, trotzig und aggressiv, wenn man von jemandem abhängig ist, der einem nicht wohlwollend gegenüber eingestellt ist. Umgekehrt gilt: Ein Kind wird seine Eltern für jede Geste lieben, die signalisiert, daß es respektiert wird, obwohl es ein unerfahrener, mühsam um Persönlichkeit ringender und noch ungeschickter kleiner Mensch ist.

Eine solche Einstellung kann nur durch anerkennende, höfliche Kommunikation erreicht werden. Denn im Prinzip zeigt jede notwendige Pflegemaßnahme, jede Unterstützung, jede Hilfe, jeder Vorschlag oder Tip, jede Entscheidung, die wir Eltern wohlwollend für unsere Kinder treffen, dem Kind seine Unterlegenheit: Dies alles kann es (noch) nicht.

Eine der Hauptaufgaben im Zusammenleben zwischen Eltern und Kindern liegt also darin, das Bedürfnis der Kinder, ernstgenommen zu werden, mit ihrer objektiven körperlichen und geistigen Unreife taktvoll und sensibel in Balance zu halten.

Durch die Art, wie wir in der Familie miteinander sprechen, entsteht Selbstwert oder Minderwertigkeit.

Virginia Satir (2)

Wenn man diese Einschätzung verstanden hat, erklärt sich auf einmal ein Großteil des unerwünschten Verhaltens der Kinder. Vermeintliche Provokationen, Aggressivität und Frechheiten werden verständlich, kleine Schwindeleien und Prahlereien werden nachvollziehbar, Unfolgsamkeit und störrischer Eigensinn zeigen sich als eine Folge von Kränkung des Selbstwertgefühls. Kein Mensch, auch wenn es sich um einen jungen Menschen handelt, will ständig spüren, daß er der Unterlegene ist.

Auf der anderen Seite verzeihen Kinder viel, und man muß keine perfekte Mutter oder ein perfekter Vater sein, um sich die Freundschaft und das Vertrauen seiner Kinder bis über die Pubertät hinaus zu erhalten. Man kann ruhig Fehler machen und soll auch unbedingt auf seine eigenen Bedürfnisse achten. Aber auf die gelungene Kommunikation kommt es an und damit auf den Respekt, den wir unseren Kindern gegenüber zu zeigen bereit sind! Natürlich ist hierbei die gesamte Grundhaltung, die den Umgang bestimmt, entscheidend. Man kann durch geschicktes Sprechen mit Kindern Problemen vorbeugen und viele Schwierigkeiten von vornherein anders angehen.

Aber warum fällt uns Eltern die Kunst der hilfreichen Sprache mit unseren Kindern oft so schwer?

Darauf gibt es einige ganz simple Antworten:

- weil mit uns selbst als Kindern und Jugendlichen auch abwertend kommuniziert wurde;

- weil wir selbst mehr oder weniger an autoritäre Strukturen gewöhnt sind und unüberlegt nach ihnen handeln;
- weil viele von uns nicht gelernt haben, Gefühle wahrzunehmen, angemessen auszudrücken und sich ihnen gemäß zu verhalten;
- weil wir nicht gelernt haben, uns abzugrenzen, wodurch wir uns zuviel zumuten und uns überfordern;
- weil wir uns selbst oft minderwertig, unglücklich, gestreßt, unzufrieden und überfordert fühlen;
- weil wir häufig gar nicht merken, wie abwertend, ja kränkend und fast feindlich wir kommunizieren;
- weil wir nicht gelernt haben, gelegentlich darüber zu sprechen, *wie* wir miteinander sprechen (Paul Watzlawick nennt dies Metakommunikation (3)).

„Du brauchst an deinen Kindern nicht ständig herumzuerziehen", so las ich vor kurzem, „wenn du unbedingt jemanden erziehen willst, erzieh dich immer wieder selbst!"

Lassen Sie uns dies auf den kommenden Seiten gemeinsam tun: Uns zu beobachten, dazu zu erziehen und darüber zu reden, *wie* wir sinnvoll miteinander reden.

2. Wie man Gesprächssituationen beobachten kann

Die vier theoretischen Ansätze, die ich zur Erklärung von Gesprächen hier verwenden möchte, können nur kurz angerissen werden. Sie zu kennen ist zum Verständnis der Tips für die Praxis unbedingt notwendig. Nur wenn man den theoretischen Hintergrund der vielen Beispiele kennt, kann man sie in den eigenen Alltag umsetzen. Zur Vertiefung und zum nachhaltigen Verständnis empfiehlt es sich, in der jeweils angegebenen Literatur nachzulesen.

2.1 Was ist „Kommunikation" und was ist „Metakommunikation"?

Unter dem Begriff „Kommunikation" versteht man alle Formen zwischenmenschlicher Verständigung. Also Informationsvermittlung durch Sprache (verbale Kommunikation) und ohne Sprache durch Gestik, Mimik, Tonfall etc. (nonverbale Kommunikation).

Nach Paul Watzlawick (2) ist es „unmöglich, nicht zu kommunizieren". Auch wenn man schweigt und den Blickkontakt vermeidet, sendet man eine Nachricht, in diesem Falle z.B. „Ich will in Ruhe gelassen werden."

Man unterscheidet, weiter nach Paul Watzlawick, gleiche (symmetrische) und ungleiche (komplementäre) Gesprächssituationen (siehe Kapitel 1). Wenn sich zwei gleichberechtigte Partner miteinander unterhalten, z.B. zwei Freundinnen, gleichgestellte Kollegen, zwei Schüler oder Geschwister, so spricht man von einer symmetrischen Kommunikationssituation. Reden dagegen zwei nicht gleichgestellte Partner miteinander, z. B. Chef – Angestellter, Schüler – Lehrer oder Eltern – Kinder, dann gibt es dabei zwangsläufig immer ein „Oben" und ein „Unten". Nun ist es in den meisten Fällen angenehmer, aus der übergeordneten Position zu kommunizieren, und ungemütlicher oder gar deprimierend, in der untergeordneten Position zu sein. Das heißt ja eventuell auch, ein Stück weit vom Gegenüber abhängig zu sein. Das liegt in der Natur dieser Gesprächsstruktur. Die komplementäre Kommunikationssituation ist daher von größter Bedeutung für die Gespräche zwischen Eltern und Kindern.

Ein weiterer wichtiger Begriff, der von verschiedenen Kommunikationswissenschaftlern beschrieben und benutzt wird, ist der Fachausdruck „Metakommunikation". Er bedeutet, daß man darüber spricht, *wie* man miteinander spricht. Es handelt sich also um ein Gespräch über das Gespräch.

Friedemann Schulz von Thun (4) bringt zur Erklärung das Bild: „auf den Feldherrenhügel der Kommunikation zu steigen", womit gemeint ist, das momentane eigene Gespräch von „oben" zu beobachten und darüber zu sprechen. Was wir hier in den folgenden Kapiteln tun wollen, ist also bereits Metakommunikation, indem wir beobachten und überlegen, wie wir sinnvoll mit unseren Kindern sprechen können. Paul Watzlawick (3) ist der Ansicht, daß Metakommunikation die einzige Möglichkeit ist, Konflikte, Mißverständnisse, Probleme und Ärger zu bereinigen, zumindestens auf der Kommunikationsebene.

Und schließlich möchte ich betonen, daß die Begriffe „richtig" und „falsch" im Bereich der Kommunikation – ebenso wie eigentlich in der gesamten Pädagogik und Psychologie – fast unbrauchbar sind. Es ist relativ, wenn man sagt, dies ist hundertprozentig richtig bzw. falsch. Brauchbar erscheinen mir hingegen Adjektive wie: sinnvoll, hilfreich, förderlich, einfühlsam oder hinderlich, blockierend, unsensibel – und zwar *bezogen auf diese Situation, mit diesem Kind.* Für ein anderes Kind in einer anderen Situation oder im gleichen Fall mit einer anderen erwachsenen Person wäre die gleiche verbale Reaktion vielleicht sehr hilfreich gewesen.

2.2 So entstehen Mißverständnisse

Jedes Gespräch hat einen Sender (der „Sprechende") – eine Nachricht – und einen Empfänger (der „Zuhörende").

F. Schulz v. Thun (4) hat in Ergänzung zu P. Watzlawick erläutert, daß in jeder Nachricht, praktisch in jedem gesprochenen Satz, *vier Botschaften,* vier Ebenen, also vier Aussagen enthalten sind.

Demnach enthält eine Nachricht:

1. einen sachlichen „INHALT": die formalen Worte, die gesprochen werden, oder auch nonverbales Verhalten, z. B. weinen, kichern, sich abwenden.

2. die „SELBSTDARSTELLUNG" des Senders. Er zeigt, während er spricht, wie es ihm geht, d. h. er äußert seine Befindlichkeit, seine Gefühle. Man kann als Empfänger z. B. wahrnehmen, ob der Sender gerade traurig, wütend, zufrieden, unsicher usw. ist.

3. die „BEZIEHUNG". Diese Ebene ist besonders wichtig in der Kommunikation mit Kindern (vergleiche das Phänomen der Über- und Unterordnung). Der Sender drückt durch die Art, wie und was er spricht, aus, was er vom Empfänger hält bzw. wie er seine eigene Beziehung zu ihm sieht. Bei 95 Prozent der komplementären oder krisenhaften Beziehungen wird diese Ebene als dominierend wahrgenommen! Hier entstehen die meisten Probleme, kommt es zu unbeabsichtigten Kränkungen und Mißverständnissen.

4. den (unausgesprochenen) „APPELL". Diese Aufforderung ist in Unterhaltungen mit Kindern insofern von Bedeutung, als kleine Kinder fast niemals auf indirekte Appelle, d. h.

auf solche, die nicht ausdrücklich formuliert werden, reagieren, anders als Frauen und Mütter, die häufig vorschnell die Aufforderung wahrnehmen, die hinter einem Satz steht.

Hierzu ein paar Beispiele:

1. Beispiel:
Mutter: „Zieh heute die warme Jacke an, Claudia, es hat minus zwei Grad."

Die *inhaltliche* Botschaft ist: „Ich möchte, daß du die warme Jacke anziehst, denn es ist unter null Grad und somit kälter geworden."

Die *Selbstdarstellung* ist: „Ich bin besorgt um dich."

Die *Beziehungsbotschaft* lautet: „Ich muß/kann dir etwas sagen, und ich traue dir nicht zu, daß du von selbst draufkommst."

Der *Appell* ist: „Tu, was ich sage!"

Nun, Sie ahnen es sicher schon, wenn Claudia gerade in einem Alter ist, in dem man entwicklungsmäßig oft etwas „auf Krawall gebürstet" ist (Trotzalter, Schuleintritt, Pubertät), wird sie sehr wahrscheinlich nur folgendes hören: „Die Alte will mir schon wieder was anschaffen, vertraut mir nicht." Dann wird sie z. B. sagen: „Ich will aber die Jeansjacke." Oder: „Ich hab' einen dicken Pulli drunter, das langt." Oder: „Ich zieh' an, was ich will." Oder sie wird wortlos die dünne Jacke nehmen und gehen. Oder sie sagt einfach: „Na wenn du meinst." Mit ihrer Antwort bzw. Reaktion boykottiert oder akzeptiert sie die Beziehung, welche die Mutter in diesem Satz ausdrückt.

Würde sie auf der inhaltlichen Ebene reagieren, könnte sie z. B. sagen: „Ja, es ist kalt geworden." Oder: „Auf meinem Thermometer hat es null Grad!"

Die Reaktion auf die Selbstdarstellung wäre: „Keine Sorge, Mama, ich erkälte mich schon nicht." Dadurch spricht sie das Gefühl der Besorgtheit der Mutter an.

Auf den Appell reagiert sie mit einem „Claro" oder mit wortlosem Anziehen der warmen Jacke.

Die Antwort auf die verschiedenen „Nachrichten" kann zustimmend oder ablehnend sein, außer auf der Appellebene, denn einen Appell kann man nur befolgen oder nicht.

2. Beispiel:
Vater: „Zeig mir mal deine Mathe-Hausaufgaben, Peter!"

Inhalt: „Ich möchte gerne dein Mathe-Heft anschauen."

Selbstdarstellung: Kritisch und skeptisch, sorgenvoll, arrogant, harsch oder autoritär, streng usw. Der Ton macht dabei jeweils die Musik.

Beziehung: „Ich kann von dir was verlangen, dir befehlen, ich kann dich kontrollieren."

Appell: „Hol' das Heft!"

Peters Reaktionen könnten folgendermaßen sein:

Auf den Inhalt: „Du möchtest meine Mathe-Hausaufgaben sehen."

Auf die Selbstdarstellung: „Die Hausaufgaben sind okay, ich hab' alles verstanden, du brauchst dir keine Sorgen zu machen."

Auf die Beziehung: „Mann, du mußt' nicht immer den Kontrolletti spielen." Oder: „Du könntest wenigstens bitte sagen." Oder einfach: „Keinen Bock!"

Auf den Appell: Er holt schweigend das Heft oder er sagt: „Okay, ich hol's gleich!"

3. Beispiel:
Mutter: „Komm Timmi, ich zieh' dich an, wir gehen auf den Spielplatz."

Inhalt: „Timmi, ich will dich jetzt anziehen und auf den Spielplatz gehen."

Selbstdarstellung: vielleicht fröhlich oder bestimmend oder gelangweilt – je nach Tonlage.

Beziehung: „Ich kann über dich bestimmen, ich muß dir helfen, dich versorgen."

Appell: „Unterbrich, was du tust, und komm zu mir zum Anziehen."

Die Reaktion wäre beispielsweise:

Auf den Inhalt: „Au ja, auf den Spielplatz gehen."

Auf die Selbstdarstellung: „Freust du dich auf den Spielplatz, Mami?"

Auf die Beziehungsebene: „Ich hab keine Lust." Oder: „Timmi will später zum Spielplatz, erst fertig spielen." Oder: „Immer bist du der Bestimmer!" Oder: „Timmi selber anziehen!"

Auf den Appell: Timmi läuft zu ihr und läßt sich anziehen.

Man erkennt unschwer, daß die meisten frechen, widersprechenden Antworten Reaktionen auf der Beziehungsebene sind. Es ist ein Sich-Wehren gegen den „Oberen" in dieser ungleichen Gesprächssituation.

4. Beispiel:
Mutter: „Super die Zwei im Diktat, Paul! – Siehst du, das Üben hat was gebracht!"

Inhalt: „Ich freue mich über die Zwei! Ich wußte ja, Üben bringt was."

Selbstdarstellung: Freude, Fröhlichkeit, Stolz.

Beziehung: „Ich weiß, was gut für dich ist, vertrau' mir." Signalisiert Überlegenheit.

Appell: „Übe weiter!"

Paul antwortet:

Auf den Inhalt: „Ich freue mich auch!"

Auf die Selbstdarstellung: „Endlich freust du dich mal über mich!" Oder: „Bist du stolz, Mama?"

Auf die Beziehung: „Ja, ja ..." Oder: „Das weiß ich auch selber."

Auf den Appell: „Ich üb' ja weiter!" Oder: „Morgen üb' ich wieder die Lernwörter."

Kinder nehmen außer der Beziehungsebene auch die Selbstdarstellung, also die emotionale Befindlichkeit der Eltern, sehr intensiv wahr. Wenn man als Erwachsener seinerseits viel auf dieser Ebene reagiert, was übrigens fast immer sinnvoll und angenehm ist, dann lernt jedes Kind sehr schnell, auch die Stimmung des Erwachsenen zu beachten.

Vielleicht überlegen Sie sich nun einmal, wie Sie im folgenden Beispiel reagieren würden!

Martina, zwölf Jahre: „Immer gibt es diesen scheußlichen Fisch, den ich nicht mag!"

Was antworten Sie? Bitte spontan!

....

Mögliche Antworten:

Auf den Inhalt: „Du findest, es gibt zu oft Fisch, und du magst ihn nicht?"

Auf die Selbstdarstellung: „Ich wußte nicht, daß dich das nervt." Oder: „Tut mir leid, daß dich das ärgert, aber Fisch ist zur Zeit so günstig und außerdem gesund."

Auf der Beziehungsebene: „Nichts kann ich dir rechtmachen." Oder: „In welchem Ton redest du denn mit mir?" Oder: „Hier bestimme immer noch ich, was gegessen wird!"

Auf den Appell: „Oh! Tut mir leid, ich koch' ab jetzt keinen mehr!"

Auch der Sender kann nun eine der vier Botschaften gemeint haben. Er meint auch nicht immer das, was er inhaltlich formuliert. Und der Empfänger hat meist nur eine Aussage davon vordringlich gehört. Man kann sich nun vorstellen, wie viele Mißverständnisse in Alltagsgesprächen somit vorkommen können. Eine ständige sachliche Entschlüsselung der Botschaften während des Gesprächs ist jedoch praktisch unmöglich.

Man bräuchte dazu vier Ohren – ein Inhaltsohr, ein Selbstdarstellungsohr, ein Beziehungsohr und ein Appellohr – und könnte dann mit jedem die einzelnen Botschaften gut hören. Dadurch wäre es möglich, sich bewußt zu entscheiden, auf welcher Ebene man reagieren möchte. Da dies aber nicht so ist, kommen die Nachrichten ungefiltert und durcheinander im Kopf, Herzen und Bauch an, und wir reagieren spontan auf die *uns* am dringlichsten erscheinende Information. Welche Botschaft bei uns als wichtigste ankommt, hängt sowohl von unserer Beziehung zum Sender als auch von unserer augenblicklichen Befindlichkeit ab.

Dennoch ist dieses theoretische Modell brauchbar. Sie könnten sich im nachhinein bei einem Gespräch, das völlig verquer gelaufen ist, einmal fragen, wer hat wann auf welche Botschaft reagiert? Beispielsweise merken Sie bald, daß Ihr Sohn zur Zeit nur auf der Beziehungsebene „anspringt" und daher freche Antworten gibt, auf die Sie wiederum emotional („Wie redet das Kind mit mir!") reagieren. Darüber kann man sprechen, d.h. eine Metakommunikation führen: „Ich verstehe, daß du sauer bist, aber ..." Oder: „Ich höre schon deinen Ärger, Paul, daß ich deine Hausaufgaben sehen möchte, aber ..." (Erklärung, eventuell einen Kompromiß anbieten.) Oder es wird Ihnen klar, wenn Sie zwei-, dreimal Gespräche auf diese theoretische Weise betrachtet haben, daß Ihr Partner fast immer auf der inhaltlichen Ebene kommuniziert, und daß Sie selbst eigentlich sehr indirekt formulieren und häufig eine Auskunft auf der Beziehungsebene erwarten.

Vergleichen Sie dazu diese Beispiele aus Gesprächen zwischen Mann und Frau:

Sie: „Ich liebe dich." Meint: „Liebst du mich?"

Er antwortet: „Schön."

Sie: „Findest du, daß wir gute Eltern sind?" Meint: „Du könntest mir mal sagen, wie toll ich das alles mit den Kindern mache!" Er antwortet: „Darüber habe ich noch nie nachgedacht."

Er: „Du bist die hübscheste Frau, die ich kenne!" Meint: „Ich möchte mit dir schlafen!" Sie antwortet: „Jetzt übertreibst du aber ein bißchen, Schatz, die Evi z. B. ..."

Das Gespräch verschiebt sich immer weiter, bis sich beide nur noch ärgern und völlig unverstanden fühlen. Eine mögliche Lösung wäre, sich erstens darüber klar zu werden, was falsch läuft, und zweitens darüber zu sprechen.

Es ist recht interessant, sich zu verdeutlichen, auf welchem Ohr man besonders gut hört.

Hört man gut auf dem Inhaltsohr? Ist man also eher ein „Rationalisierer", der Gefühle und Stimmungen nur schwer wahrnehmen kann und will?

Versucht man alles immer vermeintlich „sachlich" aufzufassen?

Oder hören Sie gut auf dem Selbstdarstellungsohr? Das ist dann der Fall, wenn man gut auf andere Leute eingehen kann und sensibel für die Stimmungen von anderen ist.

Oder haben Sie ein riesiges Beziehungsohr (wie sehr viele Leute)? Bei dieser Variante fühlt man sich in einer bestimmten Situation unsicher, oder man ist besonders sensibel für sich selbst und für die eigenen Gefühle.

Oder horchen Sie sehr oft auf den Appell? Versuchen Sie also im voraus, unausgesprochene Wünsche und Bitten aufzuspüren und es jedem recht zu machen? „Ist noch Kaffee in der Kanne?" – „Ich mach' sofort welchen" (4).

Wichtig ist: keine der Ebenen ist „die Beste". Immer auf der inhaltlichen Ebene zu reagieren, wenn vom Sender eine Beziehungsbotschaft oder ein Appell gemeint wird, ist genauso „daneben", wie wenn man aus jeder sachlichen Information („ich möchte gerne noch konzentriert arbeiten") eine Beziehungsbotschaft („ich bin ihm völlig unwichtig geworden") hört.

Vielleicht möchten Sie mal testen, wie Sie hauptsächlich reagieren. Dann beantworten Sie bitte spontan die folgenden Sätze schriftlich, und ordnen Sie dann Ihre Antworten ein. Haben Sie sich auf den Inhalt, die Selbstdarstellung, die Beziehung oder den Appell konzentriert?

- Ihr Fünfjähriger schreit Sie vor anderen Müttern und Kindern an: „Ich will aber noch auf dem Spielplatz bleiben! Du verstehst auch gar nichts, Mama!"
  Ihre Antwort:

  ....

- Ihr/e Partner/in zu Ihnen: „Du mußt dich wirklich mehr um das Kind kümmern, sie verhält sich immer unerträglicher!"
  Ihre Antwort:

  ....

- Ihre Zwölfjährige: „Du hast mir aber versprochen, daß ich einen Minirock bekomme! Und jetzt machst du wieder so ein Gezeter."
  Ihre Antwort:

  ....

- Der Neunjährige: „Warum muß immer ich den Abfall runtertragen? Meine Freunde müssen nie zuhause helfen."
  Ihre Antwort:

  ....

- Ihr/e Partner/in: „Laß dich doch um Himmels willen von dem Kind nicht so tyrannisieren und um den Finger wickeln."

Ihre Antwort:

....

- Ein guter Freund ihrer Tochter (sechs Jahre) erzählt Ihnen mit großen Augen: „Stell dir vor, mein Papa trennt sich von uns, nächste Woche zieht er aus!" (Sie wissen, daß das fast unmöglich ist.)
  Ihre Antwort:

....

- Der Dreijährige, aufstampfend: „Ärger, Ärger, Ärger. Ich will keinen roten Tee!"
  Ihre Antwort:

....

Wenn Sie die Aussagen spontan beantwortet haben (es gibt kein Richtig oder Falsch!), dann überlegen Sie bitte zunächst, was die vier Botschaften in den einzelnen Sätzen sind. Dann betrachten Sie Ihre Anwort und fragen sich, auf welche Botschaft sie sich bezieht.

Ich hoffe, daß es ein bißchen Spaß gemacht hat. Wir werden dieses „Vier-Ohren-Modell" im folgenden noch öfter zur Entschlüsselung von unangenehmen Reaktionen und Mißverständnissen benutzen.

2.3 Von sich selbst zu sprechen ist nicht egoistisch

Thomas Gordon beschreibt in seinem Bestseller „Die Familienkonferenz" (5) einen interessanten Aspekt der Gesprächsführung: Es ist fast immer sinnvoller und konstruktiver, in sogenannten „ICH-BOTSCHAFTEN" statt in „DU-BOT-

SCHAFTEN“ zu sprechen, vor allem wenn es um Lob und Kritik, Anweisungen und Wünsche geht.

Das zeigen folgende Beispiele:

„Es ärgert *mich*, wenn du ...“ Statt: „*Du bist* unmöglich, unverschämt ...“

„*Ich* habe Angst, daß ...“ Statt: „Spinnst *du*, das kannst du doch nicht so machen.“

„*Ich* weiß nicht, was ich machen soll, damit du mir zuhörst. Bitte hilf *mir*!“ Statt: „Wenn *du* jetzt nicht bald hörst, was ich sage, dann gibt's was, *du* verstockter *Kerl*.“

„*Ich* möchte, daß du sofort damit aufhörst. Es macht *mich* unglaublich wütend.“ Statt: „*Du bist* wirklich das Letzte! Wenn *du* nicht sofort damit aufhörst, wird heute nicht ferngesehen!“

Auch beim Loben wirken Ich-Botschaften intensiver: „*Ich* bin so stolz auf dich, daß du ...“ Statt: „Toll hast *du* das gemacht.“

Eine Ich-Botschaft bezeichnet also immer *ein Gefühl, eine Stimmung* oder auch *einen Wunsch*, welche man dem anderen mitteilt, statt einer pauschalen Anschuldigung oder Drohung. Dies ist im Alltag sehr viel schwerer zu realisieren, als man zunächst glaubt. Wir sind alle mit sehr vielen Du-Botschaften aufgewachsen. Wahrscheinlich erinnern Sie sich noch an viele solche Zuschreibungen Ihrer eigenen Eltern. Man merkt sie sich ein Leben lang und hat oft Mühe, sie nicht Wirklichkeit werden zu lassen: „Du bist zu klein! Du bist leider dumm! Du kannst nichts! Du bist ungeschickt! Du bist ein Tölpel! Du bist unzuverlässig! Du bist rücksichtslos! Du bist häßlich! Du bist hübsch! Du bist niedlich!“

Mit einem solchen Stempel, von den eigenen Eltern oder wichtigen Lehrern auf die Stirn gedrückt, fällt es oft schwer, nicht wirklich klein zu bleiben, dumm zu werden, sich nicht unzuverlässig und rücksichtslos zu verhalten.

Natürlich gibt es einige Kinder, die so viel verzweifelte

Kraft und Stärke aufbringen, um sich von solchen den Selbstwert mindernden Stigmatisierungen frei zu machen. Es gelingt ihnen, den Eltern zu zeigen: „Ich bin nicht doof! Ich bin nicht unbeliebt! Ich kann doch etwas!" Aber viele, sehr viele resignieren. So gesehen sind Du-Botschaften wirklich unverschämt und destruktiv. Hinzu kommt, daß sie völlig subjektiv in ihrer Aussage sind; ein anderer könnte bei diesem Kind eine ganz andere Eigenschaft herausstellen.

Es ist also in keiner Weise egoistisch, sich selbst bzw. seine eigenen Empfindungen in den Vordergrund zu stellen, wenn man einem anderen etwas sagen will. Im Gegenteil, man respektiert die Persönlichkeit des anderen. Es erfordert außerdem mehr Nähe und zeigt Vertrauen, ein eigenes Gefühl zu äußern statt dem anderen eine subjektive Zuschreibung überzustülpen: „Ich bin eifersüchtig." Statt: „Du bist gemein."

Es erfordert einen wirklichen Prozeß des Umlernens, seine eigene Wut nicht mit „Du bist ein A ...", sondern mit „Ich bin stocksauer!" herauszubrüllen, und das so eindringlich zu formulieren (eventuell mit der Faust auf den Tisch donnern), daß dadurch auch wirklich eigene Wut abgebaut wird. In „friedlichen" Situationen könnte man schon mal üben, dem anderen mehr von sich selbst zu sagen als *über* ihn zu reden. Ständige Du-Botschaften machen (abhängig von der Beziehung) ärgerlich, hilflos, verzweifelt, resiginiert, traurig oder „megawütend" – auf jeden Fall belasten Du-Botschaften Stück für Stück eine Beziehung!

Es gibt einen weiteren Aspekt: Einer Ich-Botschaft kann man nicht widersprechen! Ihr eigenes Gefühl kann Ihnen schließlich niemand ausreden. Sie kann den anderen erschrecken, traurig oder nachdenklich machen; vielleicht entsteht ein Schuldgefühl. Aber sie verletzt den anderen nicht empfindlich. Man überläßt es praktisch dem „Empfänger", was er mit der Nachricht macht. Er muß auf die Selbstdarstellung statt auf die abwertende Aussage zur Beziehung der Du-Botschaft reagieren.

Wenn, was natürlich manchmal geschieht, eine Ich-Botschaft unbemerkt bleibt, d. h. der andere nicht darauf reagiert („ist mir doch egal, wenn du sauer, traurig, eifersüchtig … bist"), dann ist das als direktes Signal für die Beziehung aufzufassen! Das Thema, das dann auf den Tisch gehört, lautet: „Wie ist unsere Beziehung momentan, daß wir nicht mehr aufeinander eingehen wollen? Lieben, schätzen, mögen, respektieren wir uns noch, wenn wir so miteinander umgehen? Was bedeutet das für unser weiteres Zusammenleben?" Wenn man nicht mehr bereit ist, auf die Gefühle des anderen einzugehen, wenigstens darauf Rücksicht zu nehmen, könnte es die nächsten zehn Jahre (oder solange man noch zusammenleben wird) recht ungemütlich werden.

Es handelt sich hierbei wieder um Metakommunikation: darüber sprechen, wie man im Moment miteinander umgeht.

Natürlich sind Ich-Botschaften nicht das Allheilmittel für alle Erziehungsprobleme! Aber bitte testen Sie einmal im Alltag, wie willig oder sogar gerne(!) Ihre Familie Ihre Anliegen aufnimmt, wenn Sie von sich selbst sprechen, ohne den anderen anzuschuldigen. Besonders wenn man schimpft, ist die Ich-Form unumgänglich, wenn man neben dem persönlichen Frustabbau nur die Spur einer positiven Reaktion erreichen will. Schimpfen Sie also ruhig, wenn Ihnen danach ist, aber versuchen Sie, „sinnvoll" zu schimpfen – nämlich in „Ich-Botschaften" – und mit einer Bitte oder einem Wunsch im Anschluß.

Dazu noch ein Beispiel, das zeigt, wie man überzeugend motivieren kann:

„Du bist ein faules Stück, Mann! Wart' nur, du schaffst den Übertritt auf's Gymnasium nie!"

Als Ich-Botschaft:

„Conny, ich hab' wirklich totale Angst, daß Frau Rot dir das Übertrittszeugnis nicht ausstellt und du eine Nachprüfung machen mußt, wenn du nicht ein wenig mehr übst."

Zur Übung für Sie:

Bitte formulieren Sie diese respektlosen Anschuldigungen in Ich-Botschaften um:

- „Du bist wirklich zu dumm! Kapierst du eigentlich überhaupt nichts?"

  ....

  ....

- „Du benimmst dich wirklich wie ein Baby! Du willst doch nur im Mittelpunkt stehen!"

  ....

  ....

- „Du hörst jetzt sofort mit diesem schrecklichen Geklopfe auf, Jakob! Du spinnst doch!"

  ....

  ....

- „Du alter Giftzwerg, du!"

  ....

  ....

- „Du nervst unglaublich mit deinem Gelaber!"

  ....

  ....

- „Du bist wirklich gemein und rücksichtslos, immer so spät heimzukommen."

  ....

  ....

- „Du hast doch sonst so ein großes Mundwerk! Wieso fällt dir denn jetzt nichts mehr ein!?"

  ....

  ....

Und welche Formulierungen wirken echter und intensiver als folgende:

„Ja ja, das Bild ist toll."

....

....

– „Schön hast du dein Zimmer aufgeräumt."

....

....

– „Gut, daß du mitkommst auf den Spaziergang."

....

....

Natürlich ist bei Lob eine Du-Botschaft nicht so sinnlos und beziehungszerstörend wie bei Kritik. Aber wenn man dem anderen eine echte Freude machen möchte, ihm gegenüber wirklich Anerkennung ausdrücken möchte, dann bietet sich die Ich-Botschaft an. Sie drückt das persönliche Gefühl besser aus und erklärt besser, weshalb für einen selbst diese Sache so erfreulich oder hilfreich ist. Zusätzlich zu dem freundlichen Inhalt gleicht der Lobende (meistens der Übergeordnete) auch die Beziehungsebene dadurch aus, daß er formuliert, was es für ihn bedeutet.

2.4 Zuhören ist die größte Kunst

Sehr viele Leute behaupten von sich, gut zuhören zu können. Aber ehrlich gesagt, welcher streßgeplagte Vater, welche erschöpfte Mutter kann von sich behaupten, immer Zeit und Lust zu haben, wirklich zuzuhören? Der Großeinkauf zum Wochende, die Abendesseneinladung, der kaputte Staubsauger, der Elternabend in der Schule, Opas sechzigster Geburtstag – alles hat man gleichzeitig im Kopf. Und nun soll man geduldig zuhören, was Max zu Kai gesagt und Julian darauf erwidert hat, weil Max ihn nicht mitspielen lassen will, weil der Thomas den Legokrahn weggenommen ... usw. usw. Es fällt oft schwer, kleinen, unermüdlichen Plappermäulern interessiert zuzuhören.

In manchen Situationen ist es aber sehr wichtig, denn Kinder brauchen ein gewisses Maß an Aufmerksamkeit und Interesse, um selbstbewußt zu werden. Und Kindern dies zu zeigen, ist gar nicht so schwer. Es ist nämlich auch für die Erzähler am angenehmsten, wenn der Zuhörer nicht viel kommentiert.

Was heißt denn eigentlich, wirklich hilfreich zuzuhören?

Das Wichtiste dabei ist:

Sich selbst zurückzuhalten (ganz einfach: „den Mund zu halten") und nur

- Interesse zu zeigen und
- bei einer Antwort nichts von sich (eigene Meinungen, Gefühle usw.) zu sagen, sondern dem Sender lediglich zurückzumelden, was er gesagt hat.

Das klingt recht simpel. Es ist dann doch wieder schwieriger, als man denkt, weil wir das meistens nicht gelernt haben! Dagegen haben wir gelernt, auf Fragen, Informationen, Erzählungen und Problemschilderungen, kurz in vielen Gesprächssituationen, mit „Killern" oder gar „Thrillern" (siehe nächster Abschnitt) zu reagieren.

Carl Rogers (Klientenzentrierte Gesprächsführung (6)) und Thomas Gordon (5) beschreiben drei Stufen des „aktiven Zuhörens":

1. Das „annehmende Verhalten", der „Türöffner":

Dadurch kann der andere angeregt werden, mit dem Sprechen zu beginnen und Vertrauen zu entwickeln.

Dies geschieht zum großen Teil nonverbal durch:

- eigenes Schweigen („Mundhalten");
- Blickkontakt (ohne Anstarren);
- freundlichen und interessierten Gesichtsausdruck;
- Nachdenklichkeit, wenn etwas Ernstes geschildert wird;
- gelegentliches (nicht ständiges) Nicken mit dem Kopf;
- gelegentliches „Mhm ... mhm ...";
- offene Körperhaltung (zugewandtes Sitzen oder Stehen);
- kurze Äußerungen wie: „Interessant", „Wirklich?", „Oh!", „Aha", „Erzähl' bitte darüber!"

Diese Türöffner bestimmen die Atmosphäre, das Gesprächsklima. Sie vermitteln dem anderen auf der Metaebene: „Du interessierst mich; was du sagst, ist in Ordnung und interessant; ich achte dich als Person; ich könnte von dir lernen."

2. Das „Doppeln":

Es klingt zunächst sehr einfach, hat aber erstaunliche Wirkungen. Diese Strategie könnten Sie in den nächsten Tagen einmal üben. Sie erfordert ein wenig Sensibilität und Sprachgefühl, damit es nicht peinlich oder „nach Methode" klingt.

Der Zuhörende wiederholt einfach die letzten Worte des Gesagten. Das ist meistens sinnvoll, wenn der Erzähler ins Stocken gerät, nicht von sich aus flüssig weiterspricht oder auch nur eine Atempause macht. Man kann auch den letzten Halbsatz des Senders wiederholen oder den Inhalt wiederholende Fragen stellen. Man glaubt kaum an die intensive Wirkung, wenn man es nicht selbst versucht hat. Der Erzählende spricht sofort flüssig weiter nach diesem „Doppeln" seiner letzten Worte.

Beispiele:

Kind: „Ich geh' nie mehr in diesen doofen Kindergarten ... die Uschi nervt total!"

Elternteil: „So ..., die Uschi nervt total ..."

Oder:

Kind: „Die Mathe-Lehrerin ist dermaßen gemein! Sie gibt immer mehr Hausaufgaben auf und denkt, daß sie uns so fertigmacht."

Elternteil: „... sie denkt euch so fertigzumachen?"

Kind: „Ja, sie will uns einfach ärgern, weil wir manches nicht gleich verstehen. Dabei ist sie selbst schuld."

Elternteil: „Du denkst, sie ist schuld ..."

Das „Doppeln" zeigt auf der Metaebene: „Ich höre konzentriert zu; deine Worte sind okay; ich möchte mehr hören."

3. Das „Spiegeln":

Dies ist die schwierigste Art des aktiven Zuhörens! Es bedarf schon einiger Übung und anfangs auch Konzentration. Das Spiegeln besteht darin, daß man in eigenen Worten wiedergibt, was man verstanden zu haben glaubt. Man faßt den Inhalt zusammen, und zwar jeweils nach vier, fünf Sätzen des Erzählenden. Man wird dabei eine interessante Erfahrung machen, nämlich die, daß man sehr häufig etwas anderes hört (und zwar bereits nur auf der Inhaltsebene) als das, was der Sprecher gemeint hat.

Dieses Zusammenfassen ist in zwei Arten möglich. Erstens spiegelt man dem Erzählenden den verstandenen Inhalt (die Sachebene) wider. Man nennt das Paraphrasieren. Zweitens meldet man dem Sender die herausgehörten Gefühle (die Selbstdarstellungsebene) zurück. Es handelt sich um ein Verbalisieren der Empfindungen.

Führen wir als Beispiel das obige Gespräch über die „Mathe-Lehrerin" weiter und zeigen dem Kind abwechselnd den Inhalt und seine Gefühle:

Kind: „Natürlich, die kann einfach nicht erklären. Sie faselt da ganz schnell irgendetwas von a + 2ab + b und irgend welche Klammern, und keiner von uns versteht was. Und dabei sieht sie so grantig aus, daß sich niemand nachzufragen traut."

Elternteil: „Ihr habt tatsächlich alle Angst, sie zu bitten, genauer zu erklären, weil sie so unfreundlich wirkt ...?"

Kind: „Genau, ich glaube, sie würde einen vor der Klasse fertigmachen und wütend sein, daß man ihr Gelabere nicht verstanden hat."

Elternteil: „Klingt, wie wenn ihr stocksauer auf sie seid und auch nicht wißt, wie ihr was ändern könntet ..."

Kind: „Allerdings! Vielleicht müßt' die Klassensprecherin mal mit ihr reden, die Clara is' ja ziemlich tough ..."

Elternteil: „Gute Idee, die Klassensprecherin ..."

Kind: „Vor allem is' sie auch noch so fies, daß sie uns so viele Hausaufgaben aufbrummt, daß man den halben Nachmittag nur an Mathe sitzt. Ich hab die Aufgaben zwar jetzt, aber ich muß noch soviel anderes machen und hab' einfach keinen Bock mehr!"

Elternteil: „Hm, das ist wirklich nervig, wenn ein Lehrer denkt, sein Fach sei das einzig Wichtige! Ich denk', 'ne kleine Pause wäre jetzt wohl angebracht ...?"

Ein anderes Beispiel:
Andreas, sieben Jahre alt, traurig: „Ach, es ist alles blöd zur Zeit ... Ich bin einfach nicht so fit im Fußball wie der Michi und der Julian ... Ich glaub', die mögen mich deshalb gar nicht mehr richtig und lachen sogar über mich ..."

Elternteil: „Du glaubst, die wollen nicht mehr mit dir spielen, weil du nicht so viele Tore schießt wie sie ...?"

Andreas: „Nö, die Tore schießen sie ja gerne selbst, aber ich kann nicht so schnell laufen und so gut mit dem Ball umgehen ... Ich interessier' mich einfach auch nicht so dafür, für die Fußballer und so, und das finden sie blöd. Dabei ist Michi doch mein bester Freund ..."

Elternteil: „Hört sich an, wie wenn du ein wenig eifersüchtig auf den Julian wärst ..."

Andreas: „Nein, ich bin eher sauer auf Michi, weil er sich für diesen dämlichen Sport interessiert und nicht mehr wie früher für interessante Sachen, also Modellflugzeuge und Technisches. Da kann ich gar nichts mehr mit ihm reden ..."

Elternteil: „Dich interessiert Technik eben viel mehr als Fußball ..."

Andreas: „Ja, vielleicht treff' ich mich ja mal mit dem Maxi. Der hat schon einen Computer, den er mir mal zeigen will."

Elternteil: „Na, das wär' doch interessant ..."

Man vermittelt beim Spiegeln nicht nur Interesse und Zuneigung, sondern auch, daß man den anderen ganz ernst nimmt und *ihm selbst* die Lösung eines Problems zutraut.

In welchen Situationen ist aktives Zuhören nun besonders wichtig?

Z. B. abends am Bett: Das ist eine der intimsten Gesprächssituationen mit Kindern. Fünf bis zehn Minuten abendliches Zweiergespräch mit Vater oder Mutter brauchen auch Kinder, die schon fast in der Pubertät sind. Fragen Sie jetzt nicht, ob es die Matheaufgaben auch wirklich kapiert hat, ob die Zähne geputzt sind oder der Turnbeutel im Schulranzen ist. So verpaßt man leicht die wichtigen Mitteilungen, die Ihr Zehnjähriges Ihnen jetzt gemacht hätte. Vielleicht streichelt man nur ganz leicht den Arm des Kindes und hält sein Schweigen aus. Auf einmal wird es vielleicht herausplatzen:

„Soll ich dir mal was ganz Schlimmes erzählen?"

Sie nicken.

„Die Elvira und die Marisa rauchen."

„... die rauchen?!"

„Ja, und zwar sehr viel" – wichtiges Gesicht – „so ungefähr fünf Stück am Tag! Sie finden's voll cool!"

„Und wie findest du es?"

„Na ja, cool ist es schon, aber es schmeckt einfach gräßlich ... Ich hab's ja bei Omi schon mal probiert. Also Mami ehrlich" – drei nicht besonders gründlich gewaschene Finger strecken sich zum Schwur in die Höhe – ich würd' nie rauchen und wenn, würde ich es dir sofort erzählen. Denn du tätest ja nicht schimpfen, gell ...?!"

Nicken Sie, küssen Sie das Kind und sagen Sie ihm, daß Sie es sehr lieb haben.

Weitere absolute Zuhörsituationen sind: Immer, wenn das Kind ein Problem, welcher Art auch immer, besprechen will.

Wenn man als Elternteil bereit ist, zuzuhören und zu fragen statt zu „sagen", es einem gelingt, wirklich aufmerksam und konzentriert zu sein, wird auch das Kind bereit sein, sich die mütterlichen oder väterlichen Erklärungen und Anweisungen anzuhören.

Leider sind wir gewohnt, auf Äußerungen von Kindern anders, nämlich mit einem persönlichen Statement, zu reagieren, was sehr häufig die Kommunikation abbricht, „killt" oder sogar den anderen offen bzw. versteckt abwertet, unter Umständen psychisch erledigt („Thriller").

2.5 Von „Killern" und „Thrillern"

Für die Beziehung zwischen Eltern und Kindern ist es unerläßlich, viel und vertrauensvoll miteinander zu sprechen und sich gegenseitig zuzuhören. Ein Kind wird bald aufhören, egal ob Belangloses, Wichtiges oder Problematisches mit seiner Mutter oder seinem Vater zu besprechen, wenn es die Erfahrung gemacht hat, daß die Eltern immer oder oft mir Killern oder gar Thrillern reagieren, nicht wirklich zuhören können oder wollen.

Man unterscheidet verbale und nonverbale Kommunikationskiller in Gesprächssituationen, die erzählende, hilfesuchende, entscheidungsfindende oder auch nur plaudernde Funktion haben.

Nonverbale Killer sind Zeichen, Gesten, Mimik, Tonfall, die Desinteresse signalisieren, ohne es auszudrücken. Natürlich kann es einmal sein, daß man gerade zum Zuhören nicht bereit ist. Dann kann man dies benennen (Metakommunikation): „Bitte erzähle mir das später, ich kann gerade schlecht zuhören, mich nicht konzentrieren." Oder: „Ich habe gerade keine Zeit, Schatz, bitte merke dir, was du erzählen wolltest!"

Beispiele für nonverbale Killer:
- wegschauen, kein Blickkontakt;
- gelangweilter, ärgerlicher, unfreundlicher Gesichtsausdruck;
- zur Uhr sehen;
- auf dem Stuhl herumrutschen;
- verschränkte Arme und Beine;
- abgewandte Haltung;
- aus dem Fenster sehen;
- tief, seufzend ausatmen, gähnen;
- etwas anderes tun, z. B. telefonieren, etwas aufschreiben.

Verbale Killer sind (nach Th. Gordon (5)) vielfältig. Ein Beispiel soll helfen, sie zu verdeutlichen:

Kind (fünf Jahre): „Heute gab es zwei Streits im Kindergarten, einen mit mir und dem Simon und einen mit der Alice. Die waren so doof ..., daß ich morgen nicht hingehen mag!"

Die verbalen KILLER im Überblick:

1. BEFEHLEN, ANORDNEN:
Mutter: „Ich will sowieso nicht, daß du mit diesem frechen, ungezogenen Simon spielst! Du spielst in Zukunft mit anderen Kindern, verstanden!"

(Glauben Sie, das Kind wird gerne weitersprechen?)

2. WARNEN, DROHEN:
Vater: „Wenn du nicht bald lernst, dich mit den Kindern zu vertragen, darfst du gar nicht mehr in den Kindergarten gehen!"

3. PREDIGEN, LOGISCHE ARGUMENTE:
Mutter: „Ich hab' dir doch schon so oft gesagt, du sollst dich mit diesen ungezogenen Kindern nicht anlegen. Die sind älter als du! Denen bist du nicht gewachsen. Sie sind stärker und können besser reden! Besonders dieser Simon, der ist total unangenehm und sowieso so aggressiv. Du weißt doch, wie häßlich es ist, sich zu streiten."

4. BERATEN, LÖSUNGEN VORGEBEN:
Vater: „Ach laß die doch einfach stehen und spiele mit anderen Kindern!" oder „Tja, du mußt dich schon wehren, wenn die dich ärgern."

5. LOBEN, ZUSTIMMEN:
Mutter: „Ach, du kommst doch immer so gut mit allen Kindern aus! Streit ist wichtig und gehört dazu!"

6. INTERPRETIEREN, ANALYSIEREN:
Vater: „Ja ja, schon als Kleinkind hast du immer mit allen Kindern Streit gehabt. Du bist einfach so ein Streithansel, du mußt jetzt auch dazu stehen. Irgenwie macht's dir ja scheinbar Spaß zu streiten, ich kenn' dich doch."

7. BERUHIGEN, TRÖSTEN:
Mutter: „Ach Schätzlein, das ist doch nicht so schlimm; morgen sieht alles wieder anders aus! Darüber würde ich mich nicht aufregen."

8. ABLENKEN, AUFHEITERN:
Vater: „Geh', diese kleinen Rüben! Hast du eigentlich der Kindergärtnerin deine Zahnlücke gezeigt?"

Es ist sicher spürbar gewesen, daß diese acht Kommunikationskiller sehr diffizil wirken. Man muß nicht zu jemandem „Du dumme Kuh!" sagen, um ihn abzuwerten. Es gibt sehr viel differenziertere Formen der Nichtachtung, die auf Dauer die Beziehung und das Selbstwertgefühl beschädigen.

Manche „Killer" wirken beim ersten Hinsehen unverständlich. Wieso sollte ich meinem Kind nicht gute Ratschläge geben, es trösten, ablenken, loben, werden sich viele fragen. Selbstverständlich können und sollen Sie *gelegentlich* (etwa einen traurigen Erstkläßler) beraten, trösten, loben, ablenken oder aufheitern! Nur sollten Sie beachten, daß man damit sein Gesprächsangebot – als der Überlegene in der Beziehung – häufig abbricht. Ein kluger Rat*schlag* und alles muß vom Tisch sein – das ist problematisch. Es besteht auch die Gefahr, daß man viele Dinge, die für das Kind sehr wichtig sind, „wegtröstet". Leonie beschimpfte mich einmal wütend und nachdrücklich bei dem Versuch, ihren Tränenstrom zu beenden und sie zu trösten: „Jetzt laß mich! Ich will erst fertig weinen!"

Man vermittelt durch „Killer": „Ich habe für alles eine Antwort. Ich weiß, was für dich gut ist! Ich glaube nicht, daß du in der Lage bist, ein Problem selbst zu lösen! Eigentlich interessiert mich dein Kram nicht! Ich rede lieber, als daß ich dir zuhöre! Ich kann dein Problem nicht ganz akzeptieren! Ich bin der Überlegene! Ich verstehe dich nicht! Deine Gefühle sind falsch!"

Die Wirkungen dieser „Killer" sind beim Kind (oder Gesprächspartner):
- Sie verschließen den Mund.
- Sie machen ärgerlich.
- Sie drängen in die Defensive.
- Sie vermitteln das Gefühl der Unzulänglichkeit.
- Sie geben das Gefühl, der andere hat kein echtes Interesse an mir.
- Sie geben das Gefühl, nicht verstanden zu werden.
- Sie geben das Gefühl, eigene Empfindungen sind irgendwie nicht gerechtfertigt.

Statt sofort mit einem Ratschlag, einem Tip, einer sachlichen Analyse, einem Trost bereitzustehen, ist es immer sinnvoller, zumindestens zunächst, aktiv zuzuhören, sich selbst mit Botschaften zurückzuhalten, bis das Kind wirklich alles erzählt hat. In den meisten Fällen findet es nämlich selbst die Lösung! Das stärkt sein Selbstbewußtsein, und es wird Sie dafür lieben, daß Sie ihm diese Erfolgsmöglichkeit lassen!

Die „Killer" werden oft ergänzt oder weitergeführt von „Thrillern". Was sind nun diese „Thriller"?

Während ich Killer nur für „ungeschickt" halte, da sie die Kommunikation abbrechen und dem anderen Desinteresse signalisieren, haben Thriller wirklich zerstörende Wirkungen.

Die verbalen THRILLER im Überblick:

1. DESTRUKTIV KRITISIEREN, VERURTEILEN:

Bleiben wir beim Kindergarten-Beispiel.

Vater: „Du bist sogar zu blöd, mal friedlich und schön mit anderen zu spielen! Du alter Streithansel, du!"

Glauben Sie, daß das Kind daraufhin weitererzählen wird oder daß es, wenn es öfter solche Antworten hört, gerne zuhause über seine Probleme spricht?

2. BESCHULDIGEN:

Mutter: „Geh', erzähl' mir doch nichts, da warst doch sowieso du schuld! Du fängst doch immer Streit an!"

Außer einem kläglichen oder aggressiven „Nein, war ich nicht!" bleibt dazu praktisch keine Chance einer Antwort!

3. BESCHIMPFEN:

Vater: „Also, es ist doch unglaublich, daß du nicht in der Lage bist, einen Vormittag lang mal mit den Kindern auszukommen! Du alter Sandkasten-Rocker, du! Wo das noch hinführen soll! Du bist wirklich ein anstrengendes Kind! Woher du bloß diese Aggressionen hast!?"

Dies muß dem Fünfjährigen förmlich die Sprache verschlagen.

4. LÄCHERLICHMACHEN, ZYNISMUS:
Mutter: „Is' ja wundervoll! Schlagt euch nur die Köpfe ein! Einen weniger in der Familie könnte ich gut gebrauchen!"

Ahnen Sie, wie eine derartige Aussage auf ein Kind wirkt? Das Positivste wäre noch, und diese Chance ist sogar groß, daß es die Äußerung überhaupt nicht begreift!

5. VERHÖREN:
Vater: „Waas? – Sag mir sofort nochmal, welche Kinder das waren! Wer hat angefangen und wie? Warum läßt du dir das gefallen von diesen kleinen Gangstern, ohne dich zu wehren! Warum hat die Erzieherin nicht eingegriffen?"

Botschaft: Er versteht überhaupt nichts, verurteilt alles und alle.

6. PAUSCHALES ABWERTEN:
Mutter: „Ach laß mich bloß mit deinem Pipifax in Ruhe! Für so einen Unsinn hab' ich wirklich kein Interesse. Immer dieses dumme Geschwätz. Ihr könnt auch nichts anderes als dummes Zeug machen!"

Botschaft: „Du bist nichts wert!"

7. GEMEINE WORTBILDER:
Vater: „Mein Gott, du fürchterlicher Gangsterboß, du!" Oder: „Du alter Zankteufel, du!" Weitere Beispiele, die sehr kränkend sind, wenn sie aggressiv geäußert werden: „Du Klugscheißer, du Giftzwerg, du Wutbrocken, du Ekel-Macho, du Hosen-Schisser, du alter Angsthase, du Schlamphexe, du Schreimonster."

Die Wirkungen von Thrillern muß wohl nicht mehr im einzelnen erläutert werden! Ich möchte Sie nochmals auf die vielen Du-Botschaften aufmerksam machen, die Killer wie Thriller enthalten.

3. Tägliches und Allzu-tägliches – Besonders das Selbstverständliche versteht sich nie von selbst

3.1 Grundsätzliches zu Gesprächen mit Kindern – Kommunikation und Selbstvertrauen

Die in Kapitel 2 besprochenen Theorien dienen als Hintergrund bei unseren weiteren Überlegungen. Sie ermöglichen uns die Beobachtung der Kommunikation und ihre Bewertung, ob sie das Selbstvertrauen der Gesprächspartner fördert oder reduziert.

Zu Ihrer Erinnnerung:
- Es lassen sich vier Ebenen der Kommunikation unterscheiden (nach Schulz von Thun): Inhalt, Selbstdarstellung, Beziehung und Appell.
- Es ist besser, in Ich-Botschaften zu sprechen als in Du-Botschaften (nach Thomas Gordon).
- Es ist meist hilfreicher für das Kind, ihm durch „aktives Zuhören" zu begegnen, als mit „Killerphrasen" zu reagieren.
- Und am wichtigsten: Es gibt immer die Möglichkeit, aus einem Gespräch auszusteigen und darüber zu reden, *wie* man miteinander spricht. Die Metakommunikation ist die Möglichkeit schlechthin, schwierige Gesprächssituationen aufzulösen.

Für eine erfolgreiche, selbstwertfördernde Verständigung, sind also folgende vier Regeln wichtig:

1. die komplementäre Kommunikationssituation (Eltern – Kind, sprich Ober- und Unterposition) nicht auszunutzen;

2. den anderen nicht durch zu viele „Du-bist-Botschaften" zu etikettieren, festzuznageln und zu kränken;

3. das Kind eigene Gedanken entwickeln zu lassen, indem Sie „aktiv zuhören", statt durch Ratschläge, Anweisungen, lange Reden und Kritik zu signalisieren, daß Sie der Überlegene sind;

4. sich als Elternteil in Übereinstimmung (Kongruenz) zu den eigenen momentanen Gefühlen zu verhalten. Das ist die Grundlage aller Gespräche. Beispielsweise können Sie schimpfen oder schreien, wenn Sie wütend sind, zwingen Sie sich dann nicht zur Freundlichkeit. Wenn Sie es witzig finden, wie sich Ihr Dreijähriges mit dem Lippenstift bemalt hat, dann lachen Sie, und versuchen Sie nicht, ärgerlich zu erscheinen. Kinder haben feinste Antennen für die Empfindungen und Stimmungen der Eltern. Auf die Dauer ist es sehr verwirrend, ja unerträglich für Kinder, wenn sie merken, daß ihre Mutter eigentlich sauer und „geladen" ist, sich aber dazu zwingt, freundlich zu sein. Das gleiche dürfte der Fall sein, wenn Sie mit einem mißmutigen Sieben-Tage-Regenwetter-Gesicht Ihre Kleine vom Kindergarten abholen und dabei sagen: „Ich freue mich so, daß du wieder bei mir bist." Oder wenn Sie mit einem Lächeln erzählen, daß Sie sehr traurig seien, weil die liebe Tante Clara gestorben ist. Solche Kommunikationsmuster nennt man „doppelte Botschaften"; dabei weiß der Zuhörer bzw. der Empfänger nicht, welche Aussage eigentlich gemacht wird. Diese Doppeldeutigkeit kann dazu führen, insbesondere wenn sehr viel auf diese Weise kommuniziert wird, daß der Empfänger immer verwirrter wird, an seiner eigenen Wahrnehmung zweifelt und schließlich nicht mehr die Realität erkennt.

3.2 Wenn Kinder nichts erzählen mögen

Manchmal ist es auch wichtig, dem Kind zu signalisieren: Ich lasse dir gerne deinen eigenen Bereich! Viele Kinder brauchen schon im Kindergartenalter einen solchen eigenen Bereich. Dazu gehört, daß sie im Prozeß der langsamen Abnabelung vom Elternhaus zu Hause nicht viel über die Zeit im Kindergarten oder in der Schule erzählen wollen. Das ist ein Phänomen des Selbständigwerdens. Sie wollen für sich behalten und mit sich selbst ausmachen, was alles abgelaufen ist, mit wem sie gespielt und gestritten haben. Sie mögen nicht erzählen, wenn die Kindergärtnerin geschimpft hat oder wenn sie keine Lust hatten, sich an einer Gruppenarbeit oder einem Kreisspiel zu beteiligen.

Wenn Kinder nichts erzählen, mag es auch daran liegen, daß sie auf ihre harmlosen Erzählungen keine Resonanz erhalten, daß sie das Gefühl haben, niemand höre ihnen zu. Oder es liegt daran, daß Eltern mit „Killern" reagieren: nachforschen, predigen, gute Ratschläge geben, kritisieren. Geschieht dies, wird ein Kind nicht gerne von seinen Erlebnissen erzählen.

Manchmal sind Kinder einfach auch von den vielen Eindrücken und Erlebnissen des Vormittags zu erschöpft, um sie alle sprachlich wiederzugeben. Auch wenn man sehr neugierig ist: Bedrängen Sie Ihr Kind möglichst nicht, sondern signalisieren Sie ihm: „Ich lasse dir gerne deinen eigenen Bereich." Vielleicht mag es am Nachmittag etwas berichten oder auch erst am nächsten Tag. Wenn man es sich gar nicht verkneifen kann nachzufragen, sollte man auch wirkliches Interesse zeigen. Allgemeine Formulierungen wie „Wie war's heute im Kindergarten?" oder „Na, war's schön?" oder „Jetzt erzähl doch mal!" sind floskelhaft und regen Kinder nicht gerade zu Erzählungen an. Und wenn ein Kind eher ungern berichtet, ermuntern es auch solche verhörartige Fragen nicht wie: „Hast du dich heute wieder mit dem Michi gestritten?" oder „Warum bastelt ihr denn überhaupt nichts mehr?"

Hilfreicher ist hingegen zu fragen: „Mich würde sehr interessieren, Alice, wie es dir heute im Kindergarten gefallen hat, ... was ihr gemacht habt ..." (Ich-Botschaft). Eventuell kommt darauf ein genervtes „... schön!" oder sogar ein aggressives

„Saublöd war's!" Entweder kann man dann auf der Appellebene reagieren (das Kind signalisiert: „Laß mich in Ruhe!") und sagen: „Du magst nicht erzählen, okay ..." Oder man spricht es auf der Selbstdarstellungsebene an, wenn das Kind sehr unruhig und „geladen" wirkt: „Oh ..., hast du dich ärgern müssen?" Wahrscheinlich wird es im Laufe des Nachmittags oder Abends mit einzelnen Aspekten herausrücken, und diese kann man dann aufgreifen.

Grundsätzlich gehört aber zum Respektieren der kleinen Person, daß man auch Vier- oder Fünfjährige selbst entscheiden läßt, was sie mitteilen mögen – was sie mit Ihnen teilen möchten – und was sie für sich behalten möchten.

3.3 Die Bedeutung von Zärtlichkeit, Freundlichkeit und Humor im Alltag mit Kindern – wie Sie sich vieles erleichtern können

Bereits in den ersten Lebensjahren begreift man, daß Freundlichkeit und Heiterkeit einem das Leben sehr erleichtern können. Spätestens wenn man das erste Mal verliebt ist und möchte, daß der andere die Liebe erwidert, spürt man, wie wichtig Liebenswürdigkeit und Charme sind. Wie froh, erleichtert und dankbar ist man, wenn man in einer komplementären (von der „Ranghöhe" her unterschiedlichen) Kommunikationssituation ein wenig Freundlichkeit erfährt, wenn der momentan Überlegene (z.B. Arzt, Lehrer oder Chef) wenigstens ein Mindestmaß an Wohlwollen und Interesse zeigt. Das gleiche gilt natürlich für unsere Kinder.

Es geht hier nicht nur um einen freundlichen Gesichtsausdruck, ein höfliches Bitte- und Dankesagen, sondern gleichermaßen um einen liebevollen, ja zärtlichen Umgang miteinander. Fast alle Kinder werden auf den Wunsch: „Bitte Schätzlein, mach' den Recorder leiser, ich pack' diese Lautstärke gerade nicht" wortlos und positiv reagieren. Wenn Sie aber schreien: „Mach' sofort die Musik leiser, du rücksichtsloser Kerl!", kann es sein, daß Ihr Sohn unauffällig noch drei Punkte lauter dreht.

Wie häufig sagen Sie Ihren Kindern, daß Sie sie liebhaben, daß Sie stolz auf sie sind, daß Sie sich freuen, wie toll sie diese Sache bereits können oder dieses Mal geschafft haben? Wie oft nehmen Sie ihr Kind spontan in den Arm: „Ich muß dir einfach kurz einen Kuß geben"? Wie oft streicheln Sie ihm anerkennend über den Kopf, zwinkern ihm zu oder zeigen ihm mit erhobenem Daumen Ihre Bewunderung oder Anerkennung („Ich finde dich megacool!")? All diese kleinen Gesten erleichtern den Alltag und verbessern die Beziehungen in unglaublichem Maß.

Wie oft loben Sie Ihr Kind, konkret und inhaltlich? Wie häufig bringen Sie ihm eine kleine Überraschung mit? Zeigen Sie dem Kind ihre Liebe durch gelegentliche kleine Sondererlaubnisse: Geben Sie ihm eine zusätzliche Portion Spaghetti, wenn es ein Essen für Erwachsene gibt, das es absolut nicht mag; lassen Sie es trotz Schule bis halb elf Uhr aufbleiben; verzichten Sie auf einen Theaterbesuch, weil es krank geworden ist und den Babysitter nicht mag. Es gibt immer wieder Gelegenheiten, dem anderen zu zeigen, wie sehr man ihn mag. Umgekehrt wird Ihnen hundertfach zurückgegeben, was Sie verschenkt haben: durch Freundlichkeit, durch Hilfsbereitschaft, durch Beachten Ihrer Bitten und Anweisungen, durch ausgeglichenes und glückliches Verhalten. Sich gegenseitig zu überraschen, zu verwöhnen gehört zu jeder engen Beziehung. Trotzdem ist die Angst weit verbreitet, das Kind durch Verwöhnen zu einem kleinen Tyrannen oder Nimmersatt zu machen. Eine solche Gefahr besteht nur in den folgenden Fällen:

1. wenn Sie nicht zweckfrei oder aus Zuneigung verwöhnen, wenn Sie sich mit Ihren Überraschungen etwas „erkaufen" wollen, wodurch die Beziehung eine Art Warencharakter bekommt. Das Kind wird ein solches Verhalten schnell durchschauen und Sie unter Umständen zu erpressen versuchen. Wie schon gesagt, Kinder haben feine Antennen dafür,

ob das Loben und Verwöhnen aus wirklicher Liebe oder Anerkennung geschieht und nicht aus Berechnung der Eltern.

2. wenn nicht auch Forderungen an das Kind gestellt werden, Frustrationen und Verzicht verlangt werden, kann häufiges Verwöhnen zur Tyrannei führen. Es muß deutlich sein, daß man dem Kind zwar, wo es geht, eine Freude machen will, daß man aber nicht im Schlaraffenland lebt. Alles ist nicht möglich! Beispielsweise können Sie in kurzen, klaren Ich-Botschaften ablehnen: „Schatz, ich möchte, daß du jetzt noch ein Weile alleine spielst. Ich muß mal diesen Berg Wäsche wegbügeln." Oder: „Ich kann und will dir die CD jetzt nicht kaufen, ich bin in diesem Monat ziemlich knapp bei Kasse!" Ein „angemessen verwöhntes" Kind, das Ihrer Liebe hundertprozentig sicher ist, wird vielleicht enttäuscht sein, dies aber ohne weiteres akzeptieren.

Nun werden wahrscheinlich viele denken, klingt ja alles wunderbar, aber wenn man einem rotzfrechen Sechsjährigen gegenübersteht, mit einem bockigen Zwölfjährigen diskutieren soll oder mit einem zornigen Dreijährigen, der sich trotzig auf den Boden wirft, etwas aushandeln will, dann fällt es oft schwer, freundlich zu bleiben oder zu verwöhnen. Das ist richtig! Wenn Sie wütend sind, sich provoziert fühlen, sollten Sie sich nicht freundlich verhalten, sondern Ihren Ärger ausdrücken, gegebenenfalls auch einmal schreien. Dabei sollten Sie am besten eine Ich-Botschaft verwenden, z. B.: „Ich bin stocksauer, wenn du ..., daß du ..." Wenn Sie aber bemerken, daß Sie sehr häufig schimpfen und laut werden, daß es Ihnen ganz unmöglich ist, freundlich und höflich zu Ihren Kindern zu sein, dann, und das ist ein sehr wichtiger Punkt, *müssen Sie etwas für sich tun*.

Wenn Sie sich nur noch mißmutig und unzufrieden fühlen, sich nur noch nörgelnd und schimpfend erleben, dann sollten Sie sich unbedingt überlegen, wie Sie sich selbst ein wenig verwöhnen könnten. Suchen Sie sich eine „Tankstelle": Tun Sie Dinge, mit denen Sie Energie, Freude, Spaß und damit

Kraft zurückgewinnen. Der Alltag einer Mutter ist äußerst anstrengend. Welche Abwechslung man dabei sucht, hängt sicherlich von jedem einzelnen ab. Vielleicht sollten Sie einen tollen Kurs besuchen: Seidenmalerei, Rock'n Roll, Bauchtanz. Oder gönnen Sie sich eine Reise mit einer Freundin. Sie könnten sich ein Konzert- oder Theaterabonnement besorgen, ein Musikinstrument erlernen, eine berufliche Fortbildung machen oder sich politisch engagieren. Vielleicht sollten Sie sich doch die 150 DM für eine Putzhilfe und gelegentlich einen Babysitter leisten, um abends ausgehen zu können.

Egal womit Sie sich erholen, tun Sie etwas für sich! Je mehr Sie Ihre Kinder beschimpfen, bestrafen, kritisieren und je stärker Sie sich gereizt und unfreundlich verhalten, desto frecher und aufsässiger wird der Nachwuchs reagieren, desto weniger wird er auf Sie hören, desto mehr wird er Sie hintergehen, quengeln und nörgeln. Das ist leider ein fataler Kreislauf – und Sie, als Erwachsener, können diesen Teufelskreis durchbrechen!

In diesem Zusammenhang spielt das Thema Humor eine wichtige Rolle. „Humor ist keine Gabe des Geistes, sondern eine Gabe des Herzens" (Börne). Wir wissen alle, daß manche Leute Humor haben und andere keinen. Er läßt sich auch nur teilweise erlernen.

Humor heißt nicht nur über Witze zu lachen, über Clowns, Komödien oder Kabarettisten zu schmunzeln. Humor bedeutet mehr: „Humor ist, wenn man *trotzdem* lacht." Derjenige beweist Humor, der aus alltäglichen Vorgängen etwas Witziges herausspürt, der über sich selbst lachen kann, der auch in mißlichen, unangenehmen, frustrierenden Vorkommnissen Situationskomik entdeckt. Oder wenn man eben die häufig wirklich lustigen und originellen Äußerungen der Kinder wahrnehmen kann.

Humor zu haben erleichtert im Erziehungsalltag vieles. Man braucht nicht alles, was Kinder tun, antworten, falsch machen (aus unserer Sicht), so ernst, so hart, so genau nehmen. Beantworten Sie nicht alles mit der gleichen Kraft und Strenge! Lachen Sie mit den Kindern, wenn sie etwas Lustiges gemacht haben, natürlich ohne sie auszulachen. Reagieren Sie auch einmal lustig, am besten in kindlicher Sprache, wenn Ihr Kind etwas ausgefressen hat. Ihr Sohn beichtet Ihnen z.B. eine Vier in Mathematik, worauf Sie antworten: „Ich glaub', mich tritt ein Mega-Pferd! Was machen wir denn jetzt?" Statt: „Na ja, ich wußte es ja schon immer, daß du nichts kapierst, einfach zu nichts fähig bist – wo das noch hinführen soll!" Daß eine schlechte Note schlimm ist, weiß das Kind ohnehin.

Kindlicher Humor ist anders als der von Erwachsenen. Nur selten finden die Sprößlinge das gleiche komisch, worüber Mutter und Vater lachen können. Bis zum dritten Lebensjahr lachen Kinder hauptsächlich über spielerische Wiederholungen, Überraschungsmomente („Kuckuck!") und körperliche Phänomene, z.B. wenn sie gekitzelt werden, wenn sie oder jemand anderes furzt, rülpst, mit der Zunge schnalzt, laut niest.

Die Vier- und Fünfjährigen können über Wort- und Sprachspiele lachen: Klapperschlange – Schlapperklange, Pfann(e)-kuchen – Kannepfuchen, Hosenmatz – Mosenhatz. Vorschulkinder amüsieren sich auch über einfache Rätsel und unsinnige Wortschöpfungen wie Mary Poppins „Superkalifragelistischexpiallegorisch". Es ist einfach toll, mit Kindern Unsinn, Quatsch, Nonsens zu machen. Das bringt Spaß und Entspannung für die ganze Familie. Es gibt viele Möglichkeiten, mit Worten komisch zu wirken. Beim Autofahren oder Spazierengehen kann man Unsinn-Gedichte machen: Einer fängt an mit „Ich sehe einen Baum ..." Der nächste fährt fort: „Darauf sitzt ein Traum ..." – „Jetzt purzelt er herunter ..." – „Dann war ich wieder munter ..." – „Ich plumpste auf 'ne Ente ..." – „Verknackste mir die Hände." Oder: „Sag mal Pferd!" – „Pferd." – „Deine Unterhose is' verkehrt." – „Sag mal Hose!" – „Hose." – „Du bist 'ne alte Soße!" – Grölendes

Gelächter. Es gibt unendliche Varianten. Andere Nonsens-Spiele wie Clown spielen, Bettdeckengespenst spielen, auf dem Boden rumrollen, Kissen werfen usw. bringen ebenfalls viel Spaß. Mit solchen Spielen begeben Sie sich auf die kindliche Ebene und relativieren Ihre Überlegenheit – Ihre Kinder werden Sie dafür lieben.

Meistens ab fünf oder sechs Jahren beginnen Kinder Witze (typische Kinderwitze, die für uns Erwachsene meistens jeder Komik entbehren) zu verstehen, sich zu merken und gerne weiterzuerzählen. Sie finden es toll, andere zum Lachen zu bringen. Es ist wichtig, miteinander und nicht nur übereinander zu lachen.

Frühstens im mittleren Schulalter (acht bis zwölf Jahre) gelingt es Kindern, über sich selbst zu lachen, vorausgesetzt, daß sie sich des Wohlwollens der Eltern vollkommen sicher sind. Vorher wirkt jede Erzählung über etwas Witziges, das sie gemacht oder gesagt haben, kränkend. Wenn man trotzdem etwas Lustiges über einen Vier- oder Fünfjährigen in seiner Anwesenheit sagen möchte, dann kann man ihn vorher fragen, ob es ihm recht ist. Bei Erwachsenen liegt der Fall etwas anders: Ihnen fällt sicherlich kein Zacken aus der Krone, wenn sie sich gelegentlich selbst ironisieren, über sich selbst lachen: „Oh, wie wundervoll! Schau dir das an, in diesem T-Shirt sehe ich aus wie eine Wurst!"

3.4 Was bedeutet heute noch Höflichkeit, und wie kann man mit peinlichen Situationen umgehen?

„Höflichkeit", so sagt Schopenhauer, „ist wie ein Luftkissen, es mag nichts drin sein, aber es mildert die Stöße des Lebens." Man wundert sich heute oft, wie gering viele Eltern die Höflichkeit als Erziehungsziel erachten. Mit Anstand ist hier nicht ein klischeehaftes, anerzogenenes Verhalten gemeint, wie man es früher gegenüber alten Tanten und ehrwürdigen Onkeln zeigen mußte. Darunter verstehe ich auch nicht

Knickse und Diener, Küßchen und ein steifes „Jawohl, sehr gerne, Großmama." Höflichkeit bedeutet eine herzliche Freundlichkeit, die dem anderen die Annahme und Achtung seiner Persönlichkeit signalisiert.

Kinder, die z. B. gelernt haben, Erwachsene und andere Kinder freundlich, mit Blickkontakt zu begrüßen oder einem Bekannten über die Straße hinweg zuzuwinken, haben schon viel gewonnen. Sie mögen sonst ausgesprochene Rabauken sein, nach einer charmanten Begrüßung, die gegenseitige Zuneigung und Freundschaft ausdrückt, verzeiht man ihnen vieles. Ein Sechsjähriger, der sich demonstrativ wegdreht, der nicht „Guten Tag" oder „Hallo" sagt, der die Zunge rausstreckt oder einem „Du Blöder" als Begrüßung zuruft, hat erst einmal verspielt.

Ob man als Erwachsener ein fremdes Kind mag und sympathisch findet, entscheidet sich größtenteils durch die Art der Begrüßung. Achten Sie einmal darauf!

Man kann mit Kindern darüber sprechen, wenn sie nicht grüßen wollen. Das geschieht am besten außerhalb der Situation. Eine solche Problematisierung könnte folgendermaßen aussehen: „Was ist so schwierig am Guten-Tag-Sagen?" – „Ich möchte gerne, daß du die Leute freundlicher begrüßt. Sie sind traurig und enttäuscht, wenn du nicht ein wenig liebenswürdiger bist." – „Es ist mir peinlich und unangenehm, wenn du so muffig bist, wenn wir XY treffen. Bitte sei ein wenig freundlicher!" – „Was hindert dich am Grüßen?" – „Wie kann ich dir dabei helfen?" Es geht darum, einfach immer wieder darüber zu sprechen.

Man erlernt die Höflichkeit im allgemeinen durch Vorbilder. Deshalb wird sich unser Kind, wenn wir offen und herzlich miteinander kommunizieren, wahrscheinlich (allerdings nicht unbedingt!) entsprechend höflich verhalten. Wenn wir zu ihm „bitte" und „danke" sagen, dann wird es sich das auch angewöhnen. Das gleiche gilt für Entschuldigungen: Entschuldigen Sie sich gelegentlich bei Ihrem Sohn, Ihrer Tochter; dadurch wird er bzw. sie lernen, um Verzeihung zu bitten, und zwar ohne es als Strafe oder als besonders unangenehm zu empfinden. Beide werden schnell erkennen, daß Entschuldigungen entlasten. Sich bei fremden Leuten zu entschuldigen, ist für Kinder natürlich besonders schwer. Bis ins Schulalter werden Sie für Ihr Kind um Verzeihung bitten müssen. Wenn beispielsweise die sechsjährige Tochter in der U-Bahn jemanden mit dem schmutzigen Stiefel gegen den Mantel tritt, dann sollte sich die Mutter stellvertretend für die Tochter entschuldigen. Die zehnmalige Aufforderung „Sag Entschuldigung!“ macht die Sache nur peinlicher. Natürlich ist es der Situation angemessen, zusätzlich die Kleine freundlich, aber bestimmt zu bitten, vorsichtiger zu sein: „Bitte Sabine, halt deine Füße ruhig! Das geht wirklich nicht!“ – Das dürfte Ihr Gegenüber erwarten.

Es ist für uns Erwachsene im Umgang mit Kindern oft schwierig, daß ihnen Dinge äußerst unangenehm sind, die wir für völlig normal und unproblematisch halten. Dazu zählen z. B. jemanden zu grüßen, um Entschuldigung zu bitten, den anderen anzuschauen, wenn man mit ihm spricht. Umgekehrt sind den Erwachsenen Sachen peinlich, die für Kinder völlig normal erscheinen.

Claudia (4 Jahre) fragt im Bus: „Mami, die Frau da hat eine Warze auf der Nase. Ist das eine Hexe?“ Was kann man darauf antworten? Vielleicht spricht man halblaut, so daß es die Frau, nicht aber die ganze Umgebung hört: „Nein, Schätzlein! Viele Menschen haben Warzen. Und schau, was sie für liebe und lustige Augen hat.“ Dabei könnte man die Frau anlächeln und anblicken. Man braucht daraus keine Heimlichkeit machen. Eine solche Geheimniskrämerei ist für die betroffene Person meistens noch schlimmer, weil sie spürt, um was es geht. Man könnte auch eine positive Anmerkung machen: „Guck mal, der Mann dort hat ja keine Arme!“ – „Ja, es gibt viele Menschen, denen Gliedmaßen fehlen oder die irgendwie krank sind. Sie müssen sehr geschickt sein bei allen Sachen, die sie machen.“

Generell kann man außerhalb der Situation mit dem Kind

darüber reden und ihm zu verstehen geben, daß es manchmal für kranke Leute oder für Menschen mit einem Schönheitsfehler unangenehm ist, wenn andere über sie sprechen, und daß man deshalb besser nicht vor ihnen darüber redet. Eine weitere Möglichkeit ist, das Kind aufzufordern, den Betreffenden anzusprechen. Das ist immer weniger verletzend für ihn, als wenn er merkt, daß mehr oder weniger heimlich über ihn gesprochen wird.

Es gibt andere Situationen, die einem in der Öffentlichkeit unangenehm sein können, beispielsweise Themen aus dem sexuellen Bereich: An der Kassenschlange im Supermarkt: „Jetzt sag mir mal Mama, wieso steht der Pimmel von Timmi manchmal so komisch gerade weg?" – Schmunzeln Sie ruhig: „Das ist schon okay, Schätzlein. Ich erkläre dir's mal zu Hause genauer, ich mag hier jetzt nicht gerne über Pimmel reden." Oder in der vollen Straßenbahn: „Kannst du mir mal sagen, wie dieses dicke Baby von Tante Trudi aus dieser kleinen Scheide rausgekommen sein soll?" – „Das erkläre ich dir sehr gerne, aber nicht hier, Steffi. Es ist mir unangenehm, wenn so viele Leute zuhören. Erinnere mich später dran." Wir erinnern uns, die Lösung liegt in der Metakommunikation: Man spricht darüber, daß man jetzt nicht darüber sprechen möchte. Und: diese Antwort verstehen auch die anderen Erwachsenen.

3.5 Wichtiges zu Kritik und Lob – und wie man damit die gewünschte Wirkung erreicht

Wenn man jemanden, ob Kind oder Erwachsenen, kritisiert, dann meistens aus zwei Gründen: erstens um Frust und Ärger loszuwerden und zweitens um ein anderes Verhalten zu erreichen!

Viele Menschen, insbesondere unserer Generation, haben nur gelernt, ihren Ärger dadurch auszudrücken und zu überwinden, daß sie den anderen erniedrigen, diffamieren oder gar bedrohen. Folglich haben sie große Angst, Kritik zu üben und kritisiert zu werden. Sie fürchten sich vor dem vermeintlichen Liebesverlust. Beim geringsten Ansatz von Kritik reagieren die meisten Menschen allergisch.

Konstruktiv zu kritisieren ist schwer! Denn es verlangt:

- die eigenen Gefühle wahrzunehmen,
- seine Stimmung angemessen auszudrücken,
- eigene Wahrnehmungen konkret darzustellen,
- seine Wünsche zu formulieren,

also: in Ich-Botschaften zu reden.

Wenn es bei der Kritik nicht darum gehen soll, den anderen niederzumachen, ist es sinnvoll, sich mit *seinen* Gefühlen und Bedürfnissen in den Mittelpunkt zu stellen, auch wenn man Angst davor hat. Ein solches Verhalten setzt voraus, daß man über sich selbst ein wenig Bescheid weiß. Die fehlende Selbsteinschätzung erschwert oft die konstruktive Kritik, die formal gesehen durchaus einfach zu erzielen ist, wie wir gleich sehen werden.

Der erste wichtige Faktor ist die Zeit bzw. die Situation. Man kann ein Gespür für den Zeitpunkt entwickeln, zu dem der andere für Kritik aufnahmefähig ist. Bei Zeitdruck oder schlechter Laune sollte man das Gespräch verschieben. Bei größeren und wichtigeren Themen empfiehlt es sich, Kritik vorher anzukündigen (Metakommunikation). Das könnte so aussehen:

1. Beispiel:
„Ich würde dir gerne mal etwas sagen, was mich in letzter Zeit an dir stört. Vielleicht heute abend? Oder wann hättest du mal Zeit?" Natürlich brauchen Sie Ihre Kritik nicht anzukündigen, wenn Sie Ihrer Tochter nur mitteilen wollen, daß Sie das Gekritzel in ihrem Deutschheft furchtbar finden und daß 14 Rechtschreibfehler darin vorkommen.

Für konstruktive Kritik bietet sich folgender Ablauf an:

1. Metakommunikation: Ankündigung des Gesprächs bei größeren Angelegenheiten; Ansprechen mit Namen (unterstreicht Wichtigkeit)
2. Ich-Botschaften
3. Möglichst konkrete Beschreibung des unerwünschten Verhaltens
4. Kompromißvorschlag („kleines Bonbon") oder Wunsch von Ihrer Seite
5. Frage nach der Meinung des Kritisierten („Was meinst du dazu?")

Im obigen Beispiel könnte sich das so anhören:

„Hör mal Anna, ich muß dir wirklich sagen (Metakommunikation), es gefällt mir gar nicht (Ich-Botschaft), daß so viele Patzer auf einer Seite sind, daß du immer über die Zeilen schreibst und daß die Buchstaben mal in der, mal in der anderen Richtung liegen. Außerdem sind sehr viele Fehler drin (Beschreibung des unerwünschten Verhaltens). Ich habe wirklich Angst, daß die Lehrerin dir das Übertrittszeugnis zum Gymnasium doch nicht ohne Prüfung ausstellen wird (Ich-Botschaft). Ich möchte, daß du's nochmal schreibst! Wenn du willst, darfst du ausnahmsweise meinen neuen Füller nehmen. Ich diktiere es dir und sage dir die Fehler (Kompromiß). Was meinst du (Nachfrage)?"

Vermutlich wirkungslos bliebe folgende Kritik: „Also diese Sauklaue, die du hast! Du schaffst es nie auf's Gymnasium! Das schreibst du sofort nochmal!"

Verhalten ändert sich am nachhaltigsten über positive Erfahrungen: hier durch partnerschaftliche Gesprächsführung, Zuwendung und das „Bonbon" Mamas neuer Füller.

2. Beispiel:

„Matthias, jetzt hör mir mal zu." (Metakommunikation. Sprechen Sie sehr ausdrucksvoll und ernst. Suchen Sie den Blickkontakt. Sie können ihn auch am Arm festhalten.) „Ich bin echt sauer. Es stört mich wirklich (Ich-Botschaft), wenn du, ohne mich zu fragen, an meinen Schreibtisch gehst und alles durchwühlst (Beschreibung des unerwünschten Verhaltens). Sag mir bitte, wenn dein Kleber leer ist, dann besorge ich dir einen neuen oder gebe dir selbst welchen (Kompromiß)! In Ordnung (Nachfrage)?"

Statt: „Wenn du noch einmal alleine an meinen Schreibtisch gehst, dann wirst du was erleben, du unverschämter Kerl, du!"

3. Beispiel:
„Schätzlein (liebevoll ansprechen; Metakommunikation), ich weiß nicht mehr, was ich machen soll (Ich-Botschaft), heute liegen wieder die Socken, die Wäsche, der nasse Badeanzug vor deinem Bett verstreut, eine ganze Barbie-Großfamilie wohnt auf dem Eßzimmertisch, natürlich nur die, die nicht naß im Badezimmer rumliegen, und fast deine ganze Briefmarkensammlung ist auf dem Wohnzimmerteppich verstreut (Beschreibung des unerwünschten Verhaltens). Das geht nicht, Katrin! Ich packe dieses Chaos einfach nicht (Ich-Botschaft)! Bitte laß es uns jetzt aufräumen. Ich helfe dir, und anschließend kannst du dir dann das Video anschauen (Kompromiß). Okay (Nachfrage)?"

Statt: „Du alte Schlampe, du! Räum sofort alles auf, sonst passiert aber was!"

Wenn Sie jetzt den Einwand erheben, daß diese höflichen, respektvollen, konstruktiven Kritikversuche sicherlich nichts bewirken werden, dann möchte ich Sie bitten: *lassen Sie es einfach mal auf einen Versuch ankommen.*

Sollte Ihr Kind pampig oder gar nicht reagieren, insbesondere wenn Sie ganz neu mit konstruktiver Gesprächsführung in Ihrer Familie beginnen müssen, dann lesen Sie den Abschnitt „Auseinandersetzungen mit Kindern".

Wichtig sind immer folgende Aspekte:

1. In der Ich-Botschaft auch die Gefühle, Ihre Wut, Angst, Hilflosigkeit unmißverständlich und anschaulich zum Ausdruck zu bringen.

Formulieren Sie Ihre Vorstellungen so klar und nachdrücklich, daß damit das Problem auch *für Sie selbst* vom Tisch ist und Sie Ihren Ärger losgeworden sind.

2. Auf der Beziehungsebene Annahme zu signalisieren.

Wenn man sich mal überlegt, wann man selbst bereit ist, Kritik anzunehmen, antworten die meisten Leute: wenn sie berechtigt ist.

Es zeigt sich aber ein weiterer wichtiger Faktor: Man nimmt Kritik dann gerne an, wenn man weiß, daß der andere einen grundsätzlich schätzt und mag, daß nur dieser kleine (deswegen konkret beschriebene) Punkt ihn im Moment stört. Stimmt die Beziehung, wird man sich gerne daran halten. Man hat dann ja gehört, daß man nicht ganz und gar „schlecht" ist, sondern daß dieses eine Verhalten für den anderen ein Problem ist.

Stimmt die Beziehung nicht, wird man sich auch gegen die berechtigste wertende Stellungnahme sträuben. Daher schaden ein Kosename, eine kleine Belohnung, Äußern von Verständnis, ein kleines „Bonbon", körperliche Nähe, freundlicher Blickkontakt der Kritik nicht – im Gegenteil, sie nutzen und bekräftigen.

Verhalten läßt sich viel leichter über positive Erfahrungen oder Versprechungen verändern als über negative Erlebnisse oder Androhungen. Deshalb werden durch Strafen in den wenigsten Fällen langfristig positive Wirkungen erzielt und das Verhalten wirklich verändert. Ein einfaches Beispiel führt das vor Augen: Haben Sie schon einmal negative Werbung gesehen oder gehört? Der Werbespruch lautet sicherlich nicht: „Wenn Sie diese Magarine nicht essen, bekommen Sie bestimmt einen Herzinfarkt." Sondern: „Essen Sie diese Magarine, und Sie bleiben schlank und fit und schön!"

Denken Sie immer daran: Kritik ist ein Geschenk! Sie kann gleichzeitig Hilfe für jemanden bedeuten und eine Verbesserungsmöglichkeit für den anderen und ihre Beziehung bieten. Verpacken Sie Kritik als Geschenk, damit der Kritisierte sie leichter annehmen kann! Eine alte Lebensweisheit besagt: „Das Lob von tausend Narren wiegt nicht die Kritik eines einzigen klugen Mannes auf."

Kritik und Lob gehen Hand in Hand.

Was freut Sie mehr, als wenn Ihr Sohn sie lobt: „Super gekocht heute, Mama, du bist Klasse!" oder „Ich könnte fünf Töpfe von dem Auflauf essen, so lecker ist der. Ich hab' dich so lieb, weil du mir immer Überraschungs-Lieblingsessen machst." Sicherlich genießen Sie es, wenn Ihnen ein Kollege Beifall spendet: „Sie sind eine wunderbare Frau." Und noch mehr freuen wird Sie wahrscheinlich die Ich-Botschaft: „Frau X, ich arbeite am liebsten mit Ihnen zusammen, fast ein wenig zu gern!"

Vielleicht spüren Sie es: Auch positive Gefühle sind schwer auszudrücken; wir haben das einfach nicht gelernt. Analog zur Kritik kommt man durch Lob und Komplimente dem anderen viel näher, wenn man auch die Beziehungsebene positiv anspricht. Z. B.: „Ich bin so stolz auf dich!" Statt: „Du bist wirklich ein kluger Junge!" Eine pauschale Äußerung wie „Du bist toll!" oder „Das hast du gut gemacht!" kann auf der Beziehungsebene Überlegenheit oder negative Gefühle wie Neid, Gleichgültigkeit, Distanz oder Desinteresse ausdrücken. Das Lob „Du bist ein super Typ" kann bedeuten, daß man den anderen zwar bewundernd auf ein Podest hebt, ihn aber zugleich von sich distanzieren will. Für den „Supertyp" drängt sich nämlich die Frage auf: „Und wie ist das für dich?"

Daher kommt es besser an, wenn Sie in Ich-Botschaften loben! Prüfen Sie selbst, welche Empfindungen dies auslöst:

„Ich bin so stolz auf dich, daß du ..."
„Ich freue mich so, wenn du ..."

„Ich habe dich so lieb."
„Ich bin glücklich, daß ..."
„Ich bin so froh über ..."
„Ich bin so erleichtert, daß ..."
„Ich bewundere dich für ..."
„Ich habe wirklich Respekt davor, wie du ..."
„Mir gefällt so gut, wie du ..."
„Ich bin richtig neidisch, wie hervorragend du ..."

Um eine positive Wirkung auf der Beziehungsebene zu erreichen, können Sie dem anderen also vermitteln, was das positive Verhalten für Sie bedeutet.

Es ist nicht immer ganz einfach im Alltag, das richtige Maß beim Loben zu wählen. Es gibt Eltern, die mit guter Absicht ständig und dadurch vielleicht oberflächlich loben. Eine solche Verhaltensweise ist sicherlich nicht sinnvoll, weil das Lob einen inflationären Charakter erhält. Folglich bedeutet es nicht mehr viel, seine positive Wirkung verflacht. Häufiges Rühmen kann soweit führen, daß es der Betroffene für verlogen hält, weil es ihm unberechtigt oder übertrieben vorkommt. Es wird nur noch auf der Beziehungsebene wahrgenommen, und zwar entweder als Bestechungsmittel oder als Herabsetzung; denn wer lobt, ist meistens der Überlegene.

Auch für das Loben gilt es, die richtige Balance zu finden. Eine tägliche Anerkennung ist sicherlich nicht übertrieben. Dazu haben Sie immer Gelegenheit, weil nicht jedes erwünschte Verhalten selbstverständlich ist. Auch wenn Ihr Sprößling Sie durch drei Dinge im Moment sehr nervt, gibt es sicherlich eine Menge Sachen, die er sehr gut kann und die Sie an ihm lieben. Sagen Sie es ihm gelegentlich!

3.6 Wie man frühzeitig Grenzen setzt

Kinder sind anders! Das ist eine Aussage der Ärztin und Pädagogin Maria Montessori. Sie meint damit, sie sind anders als Eltern, als Erwachsene. Kinder sind daher auch anders als wir glauben, daß sie sind. Sie denken und fühlen anders als Erwachsene, sie lernen anders, sie verhalten sich anders, und sie haben andere Bedürfnisse und Wünsche. Unterschiedliche Wünsche und Bedürfnisse von Kindern und Erwachsenen miteinander in Einklang zu bringen, ist die große Kunst für uns Eltern.

Kleinkinder haben z. B. einen sogenannten ständigen physiologischen Bewegungsdrang: Irgendein Fuß wippt, die Finger krabbeln an der Kleidung, oder der Kopf bewegt sich gedankenverloren hin und her – ob beim Essen, Vorlesen oder im Auto. Haben Sie schon mal ein zwei- bis dreijähriges Kind beim Gehen beobachten, wenn es nicht an der Hand eines Erwachsenen ist? Es wird nicht gehen, sondern immer laufen. Das kennen alle, die einmal eine Wohnung unterhalb einer Familie mit kleinen Kindern hatten: tap, tap, tap, tap, tap – hin und tap, tap, tap, tap, tap – zurück. Es kann noch nicht langsam und somit leise gehen!

Das kann Konflikte bringen, vor allem dann, wenn Erwachsene zeitweise etwas Ruhe haben wollen und dann das ständige Gehopse, Gezappel und Gelaufe nicht ertragen können. Es geht dann ständig darum, wechselseitige Bedürfnisse in Einklang zu bringen, wechselseitige Grenzen zu setzen und zu akzeptieren.

„Grenzüberschreitungen", so beschreibt Jan Uwe Rogge (7), „dienen auch dazu, Erziehungsbeziehungen zu thematisieren. Kinder und Jugendliche versuchen durch Versuch und Irrtum, wie weit sie gehen können, wann die Grenze der Belastbarkeit in zwischenmenschlichen Beziehungen erreicht ist. Wo die persönliche Integrität des erwachsenen Gegenüber verletzt wird ... Wer persönliche Beleidigungen hinnimmt, verstärkt und vervielfacht diese."

Auch Kinder zeigen ihren Eltern ja oft recht unmißverständlich, wo ihre Grenzen erreicht sind, wo sie z. B. überfordert sind. Sie tun das durch Quengeln, Schreien, Aggressionen, sprachlichen Protest, Leistungsverweigerungen usw. Diese Grenzen gilt es zu akzeptieren. Umgekehrt ist es notwendig, daß auch wir Eltern den Kindern vermitteln, wo unsere Grenzen liegen, bzw. wo wir überfordert sind oder was unsere Toleranz überschreitet.

Für Eltern ist es immer klüger, sinnvoller und oft auch einfacher zu lernen, sich selbst abzugrenzen, als sich ständig (vergeblich oder schuldbewußt) zu mühen, den Kindern Grenzen zu setzen. Anders gesagt: Die letzte Grenzlinie für Kinder ist immer die Toleranz-Grenzlinie der Mutter bzw. des Vaters. Das Kind kann toben, im Essen manschen, freche Ausdrücke benutzen, solange *Sie* es ertragen!

Um sich gegenseitigen Respekt zu erhalten, ist es notwendig, immer wieder die gegenseitigen Bedürfnisse und Toleranzgrenzen abzustecken. Man respektiert die Würde eines Kindes gerade dann, wenn man von ihm erwartet, daß es sich an Formen des Zusammenlebens hält – man nimmt es damit ernst.

Was ist beim Grenzensetzen wichtig?

1. Je frühzeitiger ein Vater oder eine Mutter bemerkt, wo für ihn/sie die „grenzwertige Zone" beginnt und dies dem Sprößling auch vermittelt, desto einfacher geht es. Einmal ist man noch nicht auf „180" und kann es daher in einem eindeutigen, aber freundlichen Ton tun. Zum zweiten erspart man sich schimpfen, schreien oder gar eine Ohrfeige. Vermieden werden also für alle Beteiligten negative Gefühle und Erfahrungen.

2. Nicht zu viel Gebote und Verbote. Zu viele Verbote und Abgrenzungen wird Ihr Kind nicht verstehen bzw. akzeptieren. Für ein ein- bis zweijähriges Kind sind zwei bis drei Verbote genug! Ein zwei- bis dreijähriges Kind kann sich vier,

vielleicht fünf Verbote merken. Ein Kindergartenkind hinterfragt bereits hartnäckig die Notwendigkeit von Anweisungen, und Schulkinder werden unzufrieden und aufsässig, wenn das Zusammenleben in der Familie durch zu viele Grenzen und Beschränkungen geregelt ist. Also: so wenig wie möglich, so viel wie nötig!

3. Wenn man in einer Situation eine Grenze gesetzt hat, sollte man auch konsequent dabei bleiben – nicht „für immer und ewig", aber in dieser konkreten Situation. Das viel besprochene Thema „Konsequenz in der Erziehung" ist meiner Ansicht nach sehr schwierig. Es kann sich immer nur um eine situationsbezogene Konsequenz handeln. Denn durch viele starre Regeln und „konsequent" einzuhaltende Gesetze läßt sich ein Zusammenleben in der Familie nicht regeln. Es erfordert täglich neue Verhandlungen und Auseinandersetzungen. Tagesabläufe verlaufen in „Wellenlinien". Daher ist es Unsinn und entspricht dem Menschen nicht, ein Lineal anlegen zu wollen, mit dem man alles mißt: „Vor dem Essen gibt es nie etwas Süßes!" „Es gibt nie mehr als ein Eis am Tag!" „Meine Tochter spielt nie mit Barbies!" „Mein Sohn bekommt nie ein Spielzeuggewehr!"

Solch sinnige oder unsinnige Regeln machen das Leben schwer. Sie konsequent durchzuhalten, erfordert meist mehr Energie, als jedesmal neu und situations- und stimmungsangemessen zu entscheiden.

Wenn man aber eine Grenze gesetzt hat, z. B. „Ich fahre erst weiter, wenn ihr eure Autorsitzgurte wieder festmacht!" dann sollte man allerdings dabei bleiben.

4. Während man eine Grenze setzt, unbedingt die Folge bzw. die Konsequenz besprechen. Sie machen damit dem Kind klar, was geschieht, wenn die Grenze nicht eingehalten wird. Dies erst in der „grenzüberschreitenden" Situation selbst auszuhandeln, ist unvergleichlich viel schwieriger.

Wie setzt man Grenzen?

Wie oben schon gesagt: so früh wie möglich, freundlich, aber eindeutig. Reden Sie in Ich-Botschaften und kurz, kurz, kurz! Viele Worte vermitteln (erinnern wir uns an die Metaebene!) Unsicherheit. Die Aussage so nachdrücklich in Ton, Gestik und Formulierung gestalten, daß man selbst und das Kind spürt: Man sagt es *einmal*, nicht öfter. Ein Hauptfehler besteht in zu langem Lamentieren, Nörgeln, Erklären. Man setzt wirksamer Grenzen in Ich-Form, also: „Ich möchte nicht, daß …" „Es stört mich …" „Es macht mir Angst …" Die Aussage „Das macht man nicht" ist eine Floskel und kommt sicher nicht so gut beim Kind an.

Ein Beispiel mag dies verdeutlichen:

Die vierjährige Karla klettert auf das Wohnzimmersofa, um darauf zu hopsen. Normalerweise ist das okay. Das Ding ist ziemlich betagt, gut gepolstert und ein ideales Trampolin für Kleinkinder. Aber: Es ist ein föhniger Tag, Sie sind schon genervt, müssen noch einen wichtigen Brief schreiben, und irgendwie fühlen Sie sich nach Kopfweh. Jetzt bereits wäre es klug, einzugreifen und eine Grenze zu setzen. Karla bereitet gerade das dazu gehörende Weitsprungareal vor, indem sie die Sessel beiseite schiebt, den Teppich zurechtrückt, um weich darauf zu landen. Also heißt es: Zu ihr hingehen, sie eventuell am Arm fassen (Körperkontakt), Blickkontakt aufnehmen und mit fester klarer Stimme sagen: „Bitte, Karla-Maus, ich pack' das Hopsen jetzt hier nicht! Mir geht's nicht gut, und ich muß noch etwas fertig arbeiten, bevor wir zum Spielplatz gehen. Bitte spiel etwas in deinem Zimmer. In einer guten halben Stunde bin ich fertig, dann können wir los! Okay?"

Ich weiß, daß viele Eltern jetzt denken werden: Auf so eine freundliche Bitte reagiert doch kein Kind! Ich möchte Sie bitten – versuchen Sie es! Allerdings darf kein Quentchen Unsicherheit in Ihrer Stimme mitschwingen. Sollte das Kind nicht reagieren, grinsend zu springen beginnen, wiederholen Sie nochmals, diesmal nachdrücklicher: „Kann es sein, daß du mich nicht verstanden hast, Karla? Ich möchte es nicht!" Als nächstes kann man das Kind nehmen und es ins Kinderzimmer tragen, ihm dort etwas zu spielen geben und wieder gehen – egal, ob es mault oder schreit – und freundlich und eindeutig ergänzen: „Bitte spiel für eine halbe Stunde hier!"

An diesem Beispiel wird auch deutlich:

Es kann nicht darum gehen, alles und jedes zu verbieten (das Hopsen ist ja generell „erlaubt"). Wenn man ein Kind nur dann einschränkt, wenn es unbedingt nötig ist, wird es sich halbwegs kooperativ an eine gesetzte Grenze halten. Kinder, denen zu viel verboten wird, die (fast) nur Genörgel und Einschränkungen kennen, werden trotzig, ablehnend und aggressiv auf ihre Eltern und eventuell auf andere Kinder reagieren.

3.7 Was kleine Kinder nicht verstehen – Kleiner entwicklungspsychologischer Exkurs zur linken und rechten Gehirnhälfte

Unser Großhirn teilt sich in zwei Hälften auf. In der linken Hälfte ist das logische, abstrakte Denken und die Sprache angelegt. Rechts befindet sich der Sitz der Bilder, der Analogien (Vergleiche), der Phantasien, Emotionen und Intuitionen, der Kreativität und Kunst. Das Gehirn verarbeitet Informationen links digital, rechts in analoger Weise. Vera Birkenbihl (8) schreibt dazu: „Digitale Informationen sind Informationen, die nur der versteht, der sie kennt und versteht." Solche Informationen erklären sich nicht von selbst. Beispielsweise versteht man das Zahlwort „fünf", „cinque", „five", „5" als digitale Nachricht nicht, jedoch als analoge Information, wenn einem die fünf Finger der Hand gezeigt werden.

Das menschliche Gehirn zeigt eine interessante Entwicklung: beim Neugeborenen ist die linke, also die abstrakt denkende Hälfte weitgehend nur als Anlage vorhanden. Erst langsam und durch das Erlernen der Sprache, die den Menschen vom Tier unterscheidet, entwickelt sich im zweiten bis vierten Lebensjahr das logische und abstrakte Denken. Folglich „denkt“ das Kleinkind intuitiv, es fühlt in Bildern und Farben, lebt in Instinkten und Gefühlen.

Für viele Eltern ist es schwierig einzuschätzen, wieviel ein Kind mit zwei, mit vier oder mit sechs Jahren schon versteht, was man ihm wie erklären soll und kann. Das ist in der Tat nicht einfach zu beantworten. Denn erstens ist dies immer individuell, von Kind zu Kind, verschieden. Zweitens verstehen Kinder einerseits mehr als man glaubt, andererseits weniger als man vermutet. Kleine Kinder erfassen z. B. sehr viel von dem, was sich intuitiv erspüren läßt: Wie es der Mutter geht, wie das Verhältnis zwischen den Eltern ist, zu welchen Familienmitgliedern Spannungen bestehen, ob die Mutter das neue Baby lieber mag usw. Die rechte Gehirnhälfte arbeitet also bereits hervorragend. Das Kleinkind „weiß“ damit alles, was für es in dieser Zeit elementar wichtig ist: nämlich, ob es sich geliebt und sicher fühlen kann. Auf der Beziehungs- und Selbstdarstellungsebene kann man ihm praktisch nichts vormachen.

So kann man – vielleicht sollte man sogar – bei emotionalen Konflikten in der Familie auch mit einem kleineren Kind darüber sprechen: In sehr einfachen Worten, eine Spur differenzierter, als es selber formulieren kann: „Papa und ich streiten viel zur Zeit, gell? Ich bin auch manchmal ganz traurig darüber ...“ Oder: „Du brauchst keine Sorge zu haben, wenn Papi und ich streiten – wir haben uns in Wirklichkeit sehr, sehr lieb.“

Wenn es Ihnen gelingt, fair zu streiten, macht es nichts, wenn das Kind zuhört – egal, wie alt es ist. Es weiß sowieso, was zwischen den Eltern los ist. Es hat feinste seismographische Antennen für Mimik, Gestik, Tonfall. Bedrohliche, weil laute und aggressive und unfaire Auseinandersetzungen sollte man ihm aber ersparen.

Grundsätzlich kann man mit Kindern ab ca. fünf Jahren

über alles reden – möglichst in ihrer Sprache. Wenn es etwas nicht versteht, das aber wichtig für es ist, wird es nachfragen: „Warum?" „Wozu?" „Was bedeutet das?" „Wieso ist das so?" „Was meinst du damit?" usw. Natürlich geht es nicht darum, ein Kind zu überfordern: etwa als alleinigen Gesprächspartner über Beziehungskonflikte, Schwierigkeiten im Büro oder über die Sorgen um die kranke Großmutter. Zu „schonen" braucht man Kinder jedoch nicht. Denn diffuse Ahnungen ängstigen immer mehr als klares Wissen.

Was aber verstehen kleine Kinder noch nicht?

In der rechten (intuitiven) Gehirnhälfte werden keine Verneinungen verarbeitet. Das zeigen z. B. die Träume, die rechts ablaufen. In ihnen kommen keine verneinten Handlungen vor: Man träumt, daß man etwas tut, und nicht, daß man etwas nicht tut! Das Traumgeschehen kann einem mühselig erscheinen, man kommt nicht vorwärts, irgend etwas behindert einen, aber man träumt nicht, daß man beschließt, nicht auf den Berg zu steigen.

Ein kleines Kind versteht noch keine Verbote!

Aufforderungen wie „Nein, laß das!", „Faß das nicht an!", „Lauf da nicht hin!" sind für Ein- oder Zweijährige nicht verständlich. Die Hydrokultur-Kügelchen um die Zimmerpalme, die bunten Lichtchen des Küchenherdes, die Geräusche erzeugenden Schalter und Rädchen der Stereoanlage regen die kindliche Phantasie stärker an als ein „Nein" oder ein Auf-die-Finger-Klopfen. Kleinkinder verstehen kein „Nicht" oder „Nein". „Faß da nicht hin!" bedeutet für sie „Guck, was da ist."

Wenn Ihr cleveres Kind trotzdem gelernt hat, z. B. die Pflanzenerde in Ruhe zu lassen, dann hat das andere Gründe. Es ist vielleicht über die elterliche Reaktion erschrocken, weil Sie eindrucksvoll laut geworden sind, mit den Füßen aufgestampft haben oder mit der Hand auf den Tisch gehauen haben. Das Kind hat also nur gelernt: „Wenn ich das anfasse, wird die Mami sauer." Es hat nicht gelernt: „Die Hydrokultur-Kügelchen sind nicht für mich!"

Deshalb kann man als Eltern nur versuchen, dem Kind durch eindeutige Reaktionen gewünschtes Verhalten beizubringen. Oder man formuliert Verbote ohne Verneinung:

Satt „Geh da nicht hin!" – „Bleib hier!"

Statt „Faß dies nicht an!" – „Nimm *das* in die Hand!" Verneinungen werden erst mit der Zeit verständlich, insbesondere wenn Kleinkinder im sogenannten Trotzalter beginnen, das „Nein" genüßlich und dauernd zu gebrauchen. Man sollte sich darum sehr genau überlegen, welche Dinge einem in der Wohnung absolut wichtig sind. Mehr als zwei oder drei Verbote – im Sinne von „da explodiert die Mami" – kann sich das Kind nicht merken! Alles andere muß man zeitweilig wegräumen oder irgendwie sichern.

Wichtig ist, einfach zu wissen: Das Kleinkind ist nicht „böse" oder „dumm", wenn es Verbote nicht befolgt, sondern es begreift sie noch nicht.

Kinder, insbesondere Kleinkinder verstehen Sachverhalte, die abstraktes oder logisches Denken voraussetzen, schlecht oder gar nicht.

Dazu gehören z. B. die Zeitangaben wie „gestern, morgen, nachher, später".

Abstrakt sind für Kinder auch Versprechen: „Du hast mir doch versprochen, in der S-Bahn brav zu sein" – „... in der Kindergruppe niemanden zu beißen". Der kleine Oliver formulierte einmal treffend: „Gell Mami, als wir das letzte Mal bei Tante Anneliese waren, war ich doch so unmöglich – ich bin schon neugierig, wie ich heute bin."

Kinder können abstrakte, logische Schlußfolgerungen („es ist doch klar, daß ...") oder lange, komplizierte Sätze und Erklärungen oder Fremdwörter und zusammengesetzte Begriffe („zugegebenermaßen", „unverständlicherweise") nicht begreifen. Eine Bekannte holte ihren vierjährigen Sohn vom Kindergaren ab: „Mami, morgen müssen wir ausgestopfte Eier mitbringen! Ach nein, aufgeblasene Eier ... oder nein, ich glaube, wir sollten sie ausbrüten ..."

Deswegen: Achten Sie einfach auf folgendes, wenn Sie mit kleinen Kindern reden:

1. *Komplizierte, manchmal auch neue Worte nochmals erklären oder nachfragen, was das Kind verstanden hat.*

2. *Kurz, kurz, kurz: Kurze Rede, kurze Sätze, kurze Worte.*
Als Aufforderung oder Erklärung genügt:
„Ich will es nicht!" – „Laß das bitte!" – „Bitte nicht!" – „Komm her!" – „Das geht kaputt." – „Vorsicht! Es fällt runter."
Langes Lamentieren führt zu nichts: „Ich habe dir doch schon so oft gesagt, du sollst nicht mit den Bausteinen werfen, weil die Holzbausteine die Scheiben von Papas Lieblingsbildern kaputtmachen können. Dann schimpft der Papa, wenn er abends heimkommt. Und die teuren Rahmen zerkratzen auch noch. Und außerdem macht es aua, aua, wenn die jemand an den Kopf bekommt, und das willst du doch nicht, oder?"
„Papa, aua, aua!" dürfte das einzige sein, was der Eineinhalbjährige verstanden hat: „Armer Papa! ... Papa nicht da" – der nächste Baustein fliegt durch die Luft.

3. *Kinder können eine Metapher (Übertragung, bildlicher Vergleich) oder eine Allegorie (Übersetzung eines abstrakten Begriffes in ein Bild) noch nicht verstehen.* Sie können z.B. den Ausdruck „seine Flamme" („seine Freundin") oder „Sensemann" („der Tod") nicht entschlüsseln. Obwohl Kinder selbst in Bildern denken, können sie solche Begriffe, die einem langen kulturellen Erbe entspringen, nicht einordnen.

4. Indirekte Botschaften, Zweideutigkeiten oder Zynismen sind auch für vier- oder fünfjährige Kinder nicht verständlich!

Ein Kind kann z. B. mit folgender Aussage wenig anfangen: „Dein Zimmer ist ja mal wieder traumhaft aufgeräumt." Es ist nicht in der Lage, die zwei Botschaften – das Zimmer ist unordentlich und die Mutter findet es traumhaft – im Kopf richtig zu sortieren, und es kann erst recht nicht den Appell „Räum bitte auf!" heraushören. Das gleiche gilt für folgende Formulierungen: „Du wirst bald so dünn sein wie der Suppenkasper, wenn du nicht aufißt. Das wird aber hübsch aussehen!" oder „Du alte Giftspritze, du!" statt „Ich möchte nicht, daß du so mit deinem Bruder sprichst!"

5. Kleine Kinder können Fragen, mit denen sie ihr Verhalten rechtfertigen sollen, nicht einordnen.

„Warum bist du so böse, so wild, so aggressiv?" – „Warum liegst du mit dreckigen Schuhen auf dem Sofa?" – „Warum beißt du den Conrad in den Arm?"

Ein Kind verhält sich einfach, ohne zu wissen oder gar ausdrücken zu können *warum*.

Eine Warum-Frage enthält immer auch einen Vorwurf oder die latent-aggressive Aufforderung, sich zu rechtfertigen. Eine Frage, die mit „was" oder „wie" beginnt, ist immer günstiger: „Was ist denn heute los, mein Schatz, daß du dich so viel ärgern mußt?" Oder: „Wie kam es denn, daß du Laura geschlagen hast?"

Allerdings: Kinder unter vier Jahren können selbst auf solche Varianten meist nicht antworten.

Die Kleinen stellen zwar selbst Fragen mit „warum", meinem aber sehr oft „wozu". Beispielsweise zielt die Frage „Warum fliegt das Flugzeug dort oben?" sicherlich nicht auf eine technische Erklärung ab, weshalb Flugzeuge fliegen können. Das Kind fragt: „Wozu ist es gut, daß ..."

6. Worte besitzen für Kinder eine riesige Macht, viel mehr noch als für Erwachsene.

Bestimmte Ausdrücke bringen sie zum Lachen oder zum Weinen, machen sie wütend oder traurig. „Der hat gesagt, ich bin ein Blödel, huhaaa ..." Kinder können sich noch nicht abgrenzen. Umgekehrt probieren sie selbst die sprachliche Macht aus, indem sie unanständige Begriffe oder Schimpfwörter benutzen.

Beim Zaubern, einem Phänomen, das speziell Kinder im Vorschulalter unglaublich fasziniert, üben Worte eine große Ausstrahlung aus: „Abrakadabra" oder „Hokuspokus" vermögen im magischen Weltbild des Vorschulkindes fast alles! Auch im Märchen haben Sprüche und Sätze wie „Tischlein deck dich!" oder „Sesam öffne dich" eine große Macht.

3.8 Wieder und wieder und wieder – Kinder mögen Wiederholungen

Wortwiederholungen sind das Herzstück des Gebets und des Märchens, sind eine Grundregel bei Werbung und Propaganda. Was bedeuten sie für Kinder?

Alle Eltern kennen das Phänomen und wundern sich vielleicht darüber, wenn die Tochter zum 114. Mal die gleiche Kassette hört, immer wieder das gleiche Buch vorgelesen haben möchte. Wenn man die Lieblingsgeschichte oder das Lieblingsmärchen vorliest, muß der ganze Text Wort für Wort genau gleich gelesen werden, sonst gibt's Protest. Und wehe, der Papa vergißt oder verändert beim Abendgebet oder bei einem „Guten-Appetit-Spruch" versehentlich ein Wort!

Für uns Erwachsene verlieren Geschichten beim mehrmaligen Hören, Sehen oder Lesen jegliche Spannung. Diese ständige Angstminderung steigert bei Kindern jedoch den Hör- und Lesegenuß. Es weiß ja jetzt, daß die Hexe am Ende verbrannt wird, Rotkäppchen gesund aus dem Bauch des Wolfes klettern wird. Weil es sich nicht mehr ständig mit der eigenen Ängstlichkeit beschäftigen muß, kann das Kind jede Szene erst recht genießen. Die Lust am Wiedererkennen, das Wissen im voraus, was jetzt gleich Lustiges oder Gruseliges oder Spannendes passieren wird, läßt das Kind die einzelnen Inhalte bei jedem neuen Hören intensiver wahrnehmen. Man kann sich bewußt auf gewisse Worte, Redewendungen, an- und entspannende Momente freuen. Durch das Wissen bekommt man Macht über den Text. Er kann einen nicht mehr wie beim ersten Mal ängstigen, weil man ihn schon kennt. Ein bekannter Text oder Film wirkt im heutigen Chaos der ständigen Reizüberflutung unglaublich beruhigend und erfreulich. Auch Sie freuen sich doch sicherlich, wenn Sie in einem Lokal oder im Radio zwischen Hard-Rock und Techno einen Bob Dylan („Like a rolling stone") oder die Beatles („Here comes the sun") hören.

Für Vorschulkinder sind bekannte Videos oft lustvoller anzuschauen als jeden Tag eine neue Fernsehsendung. Wenn man sich eine Sammlung von vier bis acht Videos zulegt (es gibt durchaus empfehlenswerte), könnte man dem Fernsehstreß im Vorschulalter ein sinnvolles Ende bereiten und die positiven Aspekte der Mattscheibe nutzen: z. B. Sprachförderung, Entspannung, Genuß durch Identifikation mit dem Helden.

Bei Kindergeburtstagen für Zwei- oder Dreijährige genügen zwei oder drei Kreisspiele, die man immer wieder singen und spielen kann. Ein riesiges Programm ist nicht nötig. Ähnliches gilt für Kleinkinder und Krabbelgruppen.

Als Gute-Nacht-Geschichten für kleine Kinder, die schwer einschlafen, eignen sich ebenfalls immer die gleichen Geschichten, zumal man dieselben Rituale pflegen sollte. Nichts beruhigt und entspannt so zuverlässig wie immer wiederkehrende Worte und Handlungen: „Der große Bär drehte sich um und horchte … und schaute … Aber es war kein Stampfmonster da. ‚Gehen wir heim, kleiner Bär.'" (9)

4. Tips für schwierige Gesprächssituationen

4.1 Wenn ein Kind einfach nicht hören will

David hört seiner Mutter einfach nicht zu. Irgendwie hat sie manchmal den Verdacht, er sei taub. Er antwortet nicht auf Fragen, überhört jede Bitte oder Anweisung und versteht von ausführlichen, freundlichen Erklärungen angeblich gar nichts. Im Brustton der Überzeugung behauptet er, noch nie gehört zu haben, daß er der Mutter sagen soll, wenn er selbständig den Fernseher einschaltet.

Wie erklären sich solche kindlichen Verhaltensweisen? Grundsätzlich sind Kinder weder verstockt noch böswillig, und sie haben auch keine schlechteren Ohren als Erwachsene. Die Gründe dafür liegen woanders, und es ist gut, folgendes zu beachten:

1. *Die Erwachsenen reden zu viel und zu lang.*

Man kennt dieses Phänomen häufig von sich selbst. Jeder weiß, wie sehr „Laberer" einen nerven, wenn ein klarer, kurzer Satz ausreichen würde. Das Problem verschärft sich durch den Versuch, den anderen zu belehren, zurechtzuweisen, ihm gute Tips zu geben oder ihn sogar zu beschuldigen und zu bedrohen.

Also: Man fasse sich kurz!

Beispiel: „Bitte sprich dich mit mir ab, wenn du den Fernseher anmachst." Statt: „Ich hab dir doch schon so oft gesagt, du sollst den Fernseher nicht selber einschalten, denn da kommen nachmittags oft so grausame Sendungen, und außerdem sollst du eh' erst Hausaufgaben machen und dann dich bewegen und draußen spielen, das ist viel gesünder, und der Papa und deine Lehrerin sagen auch ..."

2. Durch unsere wortgewandten und überlegenen Reden kommt es fast immer zu einer *Herabsetzung der Kinder auf der Beziehungsebene* (vgl. Kapitel 2.2). Deshalb machen die Kinder „alle Luken dicht" bzw. „die Ohren auf Durchzug schalten" – sie hören nicht zu.

Es ist hilfreich, wenn man Kindern etwas mitteilen möchte, folgende Grundregeln zu beachten:

a) Benutzen Sie Ich-Botschaften statt *Du-Botschaften.*

b) Vermeiden Sie *„Killer"* wie ausschweifendes Reden, Moralisieren, Belehren, Drohen, Analysieren, inquisitorisches Fragen usw.

Beispiel: „David, ich möchte gerne wissen, wenn du den Fernseher anschaltest ... okay?" Statt: „Du bist wirklich unglaublich stur! Ich möcht' wirklich wissen, von wem du das hast. Du hast den Fernseher nicht selbst anzuschalten, verstanden?!"

3. Es können eine *Reihe von Mißverständnissen* vorliegen (vgl. Kapitel 3.4).

Sehr oft passiert es, daß wir als Erwachsene *unklare Botschaften* senden. Z. B. wird ein Achtjähriger nicht verstehen, daß ihn die Mutter mit dem Satz „Du bist wirklich die größte Trantüte, die ich kenne." zu einem flotteren Lernen motivieren will. Auf die Frage „Wieso zwickst du immer deinen kleinen Bruder, er tut dir doch gar nichts?" weiß ein Drei- bis Sechsjähriger wahrscheinlich keine Antwort; allein die Anwesenheit des kleinen Lieblings, den die Mutter immer unterstützt, provoziert ihn grenzenlos.

Versuchen Sie Ihre Botschaften so klar wie möglich zu formulieren. Statt „Warum schleppst du bloß immer die Salatschüsseln in den Sandkasten, verdammt nochmal?" ist es besser zu sagen: „Ronja, ich brauche das Geschirr in der Küche! Ich möchte, daß die Schüsselchen hier bleiben? Hast du mich verstanden!" Um Schwindeleien oder falsche Anschuldigungen zu vermeiden, stellen Sie keine „geschlossenen Fragen". Unter „geschlossenen Fragen" versteht man im Gegensatz zu „offenen Fragen" solche Fragen, die mit einem einzigen Wort zu beantworten sind, d.h. mit einer Zahl, einem Namen, einer Tatsache oder mit Ja oder Nein („Alternativfrage").

Eine Botschaft kann ebenfalls mißverständlich sein, wenn sie anklagend, aggressiv, wenig hilfreich formuliert wird. Beispiele wären: „Wer war das?", „Wer hat ...?", „Warst Du das?" Um herauszufinden, wer die Rauferei im Kinderzimmer begonnen hat und warum sie notwendig war, ist es hilfreich, dem Kind eine Chance zu geben, die Affäre wieder gutzumachen. Das könnte so aussehen: Sie stellen kurz fest, was Sie sehen – „Alexander weint." – und fragen dann weiter: „Was glaubst du, was du tun könntest, daß er nicht mehr traurig ist?" Botschaft: „Ihr habt ein Problem, aber ich vertraue dir, daß du eine Erklärung oder gar einen Lösungsvorschlag dazu hast." Also: möglichst offene Fragen stellen, die keine Rechtfertigung, sondern eine Beschreibung ermöglichen: „Was war denn los, Schatz?" Oder: „Oh, wie ist denn das passiert, Nicki?" Wenn es Ihre Stimmung zuläßt, ist es auch noch sehr hilfreich, wenn Sie dem „Übeltäter" durch den Tonfall oder einen Kosenamen auf der Beziehungsebene signalisieren: „Ich liebe dich –, aber das ist ja wohl ein bißchen Unsinn gewesen ..."

4. Es gibt noch einen weiteren wesentlichen Grund, warum Kinder nicht hören. Bis ins mittlere Schulalter hinein sind *Kinder nicht gut in der Lage, zwei Dinge gleichzeitig wahrzunehmen*. Während wir Erwachsenen mehr oder weniger gut z.B. gleichzeitig fernsehen und einen Brief schreiben können, Musik hören und gleichzeitig die Steuererklärung machen können, sind Kinder dazu kaum in der Lage. Wir können einen Fernsehfilm auch dann noch gut verstehen, wenn wir uns mit Freunden unterhalten. Ein zwei- bis zehnjähriges Kind ist

von zwei parallelen intellektuellen Reizen im allgemeinen überfordert. Das bedeutet: Wenn es fernsieht, Kassette hört, Gameboy spielt oder liest, wird es Sie wirklich nicht hören! Um sich nicht abzulenken, sind die Ohren tatsächlich „auf Durchzug" geschaltet. Für uns Erwachsene ist das schwer nachzuvollziehen. Man lernt und übt die Fähigkeit, sich auf mehrere Dinge gleichzeitig zu konzentrieren, wenn man es sich dann in den höheren Klassen erbettelt hat, bei den Hausaufgaben Musik hören zu dürfen. Es lenkt zwar anfangs sehr ab, man übt aber gleichzeitig dabei, beide Gehirnhälften gleichzeitig zu benutzen (wir erinnern uns an Kapitel 3.6).

Es ist jedenfalls wichtig, Themen, die einem am Herzen liegen, sehr eindringlich zu vermitteln, Ablenkungen kurz auszuschalten. Man kann sich im ersten, zweiten, vielleicht noch im dritten Anlauf bemühen, sehr liebevoll und freundlich zu sprechen, nahe an das Kind herangehen, ihm nicht nur zurufen, sondern Blickkontakt halten und lächeln, z. B.: „Schätzlein, ich pack' gerade deinen DJ Bobo in dieser Lautstärke nicht! Bitte mach' leiser." Damit sprechen Sie in der Sprache des Kindes und in Ich-Botschaften. Darauf wird das Kind in den meisten Fällen positiv reagieren, insbesondere, weil es die Mitteilung auf der Beziehungsebene nicht als kränkend empfunden wird. Sollte sich das Kind ablehnend verhalten, kann man ein wenig energischer vorgehen: „Ich ärgere mich, weil ich das Gefühl habe, du hörst mir überhaupt nicht zu, verdammt!" Oder: „Ich bin nicht gut drauf und möchte dich bitten, daß du jetzt sofort die Musik leiser machst! Hast du mich verstanden?" Dazu gehören: Ich-Botschaft, Metakommunikation, lautere Stimme, Blickkontakt, körperliche Nähe, eventuell Körperkontakt (die Hand auf den Arm des Kindes legen), klare, deutliche, kurze Formulierungen; z. B. können Sie fragen, was das Kind an Ihnen ärgerlich findet: „Hast du das Gefühl, ich bestimme zu viel über dich? Ärgerst du dich über andere Dinge, daß du nicht darauf reagierst, wenn ich dich um etwas bitte?"

5. Wichtig ist die sogenannte *„5er-Regel der Kommunikation“* (nach Vera Birkenbihl (10)):

- Gesagt ist nicht gehört;
- gehört ist nicht verstanden;
- verstanden ist nicht begriffen;
- begriffen ist nicht einverstanden;
- einverstanden ist nicht ausgeführt.

Diese Grundregel, die für Erwachsene aufgestellt wurde, gilt für Kinder im verstärkten Maße. Sie enthält die Überlegung, daß in jedem Kommunikationsvorgang viele „Mißverständnisse" geschehen können. Das können akustische Hindernisse sein oder einfach die Tatsache, daß der Empfänger gerade nicht aufnahmebereit ist. Probleme können durch intellektuelles Unverständnis oder scheinbares Verständnis und durch die Sprache (ähnliche oder gleiche Wortbedeutungen usw.) entstehen (vgl. Kapitel 3.6). Dazu ein Beispiel aus der „kleinen Hexe" von Otfried Preußler: Die kleine Hexe hört von der Oberhexe, daß sie erst eine „gute" Hexe werden muß, um in der Walpurgisnacht mit den anderen Hexen mittanzen zu dürfen. Sie übt daraufhin ein Jahr lang viele „gute" Hexenkunststücke. Aber: eine „gute" Hexe hext Böses. So erntet sie den Spott der anderen Hexen. Sie wird vom Tanzvergnügen wieder ausgeschlossen ...

Die vierte und fünfte Regel besagt, daß sehr häufig Gespräche (jeglicher Art) vom Empfänger mit einem „Ja, ja" oder einem munteren „Okay" abgeschlossen werden, um den Sender loszuwerden oder seine Rede zu beenden, ohne daß das Gesprächsergebnis gutgeheißen oder die damit verbundene Handlung ausgeführt wird.

Da es also immer wieder Mißverständnisse geben kann, die aus der Gesprächssituation entstehen (bei Gesprächen mit Kindern noch viel häufiger als bei solchen mit Erwachsenen), sollte man sich bei jeder Unterhaltung, die einem wichtig ist, vergewissern, ob man richtig verstanden worden ist, und zwar durch Nachfragen oder dadurch, daß der Gesprächspartner wiedergibt, was er aufgenommen hat. Beispielsweise kann man fragen: „Hörst du mir zu, Mischa?" oder „Hast du mich verstanden, Andy?" oder „Was hast du verstanden, Claudia?" Das klingt umständlich, ist aber nur eine Sache der Gewöhnung. Generell läßt sich festhalten: Je mehr ein Gespräch auf „fragen" und Gedankenaustausch statt auf „sagen" aufgebaut ist, desto größer ist die Chance, verstanden zu werden.

6. Last, not least können Sie sich bei Verständigungsproblemen der *Metakommunikation* bedienen. Wenn man das Gefühl hat, der andere *will* einem nicht zuhören, kann man dies ansprechen.

Sie haben zwei Möglichkeiten:

a) Sie können den anderen fragen, ob er zum Zuhören bereit ist, oder ihn bitten, zuzuhören: „Ich möchte, daß du mir zuhörst, Julius." Oder: „Kannst du mit bitte jetzt zuhören, Marie!" Oder: „Hörst du mir bitte zu, Johannes?" Halten Sie dabei Blickkontakt und Körperkontakt. Dieses Verhalten zeigt dem Kind, daß Sie sich auf es konzentrieren, Interesse an ihm haben und nicht einfach nur plaudern. Bei einigen afrikanischen Stämmen gibt es z.B. den Brauch, überhaupt nur mit ausgesprochener Zustimmung des Angesprochenen ein Gespräch führen zu können.

b) Sprechen Sie Ihr Kind direkt darauf an, wenn es überhaupt nicht zuhören will oder kann. Beispielsweise können Sie sagen: „Was ist, daß du mir nicht zuhören kannst, Tommy?" oder „Ich hab' das Gefühl, Schatz, du bist ganz woanders. Ich möchte, daß du mir kurz zuhörst." oder „Bitte hilf mir! Wie kann ich mit dir sprechen, daß du mir zuhörst?" Vergessen Sie dabei nicht den Blick- und Körperkontakt.

Im folgenden möchte ich noch kurz auf die Frage eingehen, was Sie tun können, wenn das Kind *nicht gehorchen* will, was so ähnlich klingt wie „wenn das Kind nicht hören will", aber nicht das gleiche meint.

Kinder gehorchen entweder *aus Angst* (längerfristig sicherlich nicht sinnvoll), *aus Einsicht* (bei kleinen Kindern sehr selten) oder *Ihnen zuliebe*. Sie befolgen Ihre Tips, Gebote und Verbote, wenn sie erkannt haben, daß sie trotz ihrer Unterlegenheit geliebt und respektiert werden, daß Anweisungen zu ihrer Hilfe und nicht zur Macht- und Herrschaftsausübung dienen. Kinder zeigen sich willig, wenn ihnen die elterlichen Verbote nicht unsinnig oder schikanös erscheinen und wenn sie wissen, daß bei Ablehnung nicht gleich Strafen erfolgen. Z. B. wird die unsinnige Strafe, daß das Kind abends nicht fernsehen darf, weil es morgens getrödelt hat, zu Hilflosigkeit und Verärgerung führen; das Kind ist nun fast gezwungen, die Eltern zu betrügen. Es wird sich gegen die Unverhältnismäßigkeit der Strafe und die uneinsehbare Machtausübung wehren: „Na warte, so unterlegen, wie du mich gerne hättest, bin ich nicht!" – Ihr Sohn wird, kaum gehen Sie für zehn Minuten zu einer Nachbarin, selbständig den Fernseher einschalten. Und das ist okay so! Wir möchten doch nicht, daß sich unsere Kinder unterdrücken lassen, nicht wahr?

Wenn Angst vor Ihnen die Motivation ist, sich an ein Gebot zu halten, ist dies eigentlich traurig und schade. Wie schrecklich einsam muß sich ein Kind fühlen, das sich aus Angst vor seinen Eltern oder vor Strafe an ihren Rat und ihre Anweisungen hält. Nicht weil es Vater und Mutter für klug und hilfreich hält und als beschützend erlebt, sondern weil es Angst vor einer – demütigenden – Machtausübung hat. Es wird sich ungeliebt fühlen und die Eltern an anderer Stelle belügen und betrügen – und es ist ihm noch nicht einmal zu verdenken! Wenn man die Erwachsenen absichtlich betrügt – ja, dann ist es auch für ein Kind nachvollziehbar, wenn es vermeintlich abgelehnt und bestraft wird. Strafen provozieren mindestens so viel unerwünschtes Verhalten wie sie beseitigen sollen. Kinderseelen sind einfach strukturiert, aber zerbrechlich. Sie folgern: Mama straft mich, also mag sie mich nicht.

Es empfiehlt sich wegen der Beziehung zu den Kindern

wirklich, so viel wie möglich zu erlauben, nicht unsinnig zu bestrafen, hin und wieder ein wenig zu verwöhnen (auf verschiedene Arten), die Anzahl der Verbote auf das kleinste Maß zu reduzieren, dann werden sich Kinder an Anweisungen halten, den Eltern „folgen". Oft braucht man dafür nicht einmal lange Erklärungen. Eine einfache, rechtzeitige und eindrückliche Mitteilung („Weil ich das nicht möchte, Lisa!") wird meistens genügen.

Dabei sollte man nicht vergessen, daß auch bei Anordnungen oder Verboten wie bei allen Gesprächen der Ton die Musik macht. Die Äußerung „Bitte Schatz, sei um fünf Uhr wieder da, weil ich mir sonst unheimlich Sorgen mache" klingt zwar auf der Beziehungsebene mütterlich, aber ebenso fürsorglich; die Botschaft lautet: „Ich liebe dich und verlasse mich auf dich, bemühe mich liebevoll und in deiner Sprache zu sprechen." Die strenge Aufforderung „Um fünf bist du wieder da, hast du mich verstanden, sonst gibt's was!?" hat den gleichen Inhalt, aber eine ganz andere Botschaft: „Ich bestimme über dich! Und ich vertraue dir nicht!"

Haben wir Eltern ein solches Verhalten tatsächlich nötig? Wir sind doppelt so groß, dreimal so schwer, viermal so klug, fünfmal so erfahren und sechsmal so alt wie unsere Kinder. Was ist denn mit uns los, daß wir unser Selbstbewußtsein durch unsere Kinder so ankratzen lassen und daß wir ihnen gegenüber den „großen Max" spielen müssen?

Denken Sie daran: Sie können jeder Zeit mit einem Vier- oder Fünfjährigen über Ihren Ärger oder Ihre Enttäuschung sprechen, wenn er wieder einmal auf den Teppich gemalt hat. Sie können mit ihm überlegen, was beide zusammen tun können, damit das nicht wieder vorkommt.

Man kann ruhig auch kleine Kinder fragen, ob sie glauben, daß man zu viel über sie bestimmt, ob sie das Gefühl haben, daß man ihnen zu viel zumutet und verbietet, ob sie mehr mitentscheiden wollen. Sprechen Sie darüber, wer in Ihrer Familie der „Bestimmer" ist und wie die anderen das empfinden. Sie werden erstaunt sein, wie positiv die anderen (sogar schon Vorschulkinder) auf solche Gespräche reagieren. Das funktioniert selbstverständlich nicht in der kritischen Situation, aber in entspannter Atmosphäre wie abends am Bett oder auf einem schönen Spaziergang oder auf einer gemeinsamen Autofahrt.

Felix, fünf Jahre, sagte in so einem Gespräch einmal zu seiner Mutter: „Ja, Mama, also manchmal führst du dich wirklich auf, wie wenn du hier der Boß wärst." Solch eine Antwort muß man natürlich akzeptieren und haben wollen! Sonst stellt man die Machtfrage besser nicht. Wie könnte man nun sinnvoll darauf antworten? Lächeln Sie: „... ja, mein Lieber, ich bin hier der Boss in gewisser Weise! Aber ich verstehe, wenn du mehr mitbestimmen möchtest. Laß uns überlegen, was du selbst entscheiden könntest. Oder: „Findest du, daß ich hier zu viel bestimme? ... Laß uns darüber sprechen." Jetzt haben Sie das eigentlich wichtige Thema auf dem Tisch.

Zusammenfassend läßt sich festhalten: Es stimmt nicht, daß Kinder, die nicht gehorchen, zu wenig Respekt vor den Eltern haben, sondern sie fühlen sich nicht genügend respektiert und geliebt, sogar unterdrückt. Sollte dies der Fall sein, dann könnten Sie darüber mit Ihrem Kind sprechen.

4.2 Sinnvolles Reagieren auf Aggressionen und Provokationen

In diesem Abschnitt wird von folgender Grundbedingung ausgegangen: Sie sind als Eltern davon überzeugt, daß sich Konflikte am besten verbal, d.h. mit Worten bewältigen lassen. Wenn man die Meinung vertritt, daß es hilfreich ist, einen Dreijährigen, der verzweifelt und wütend nach der Mutter schlägt, ebenfalls zu schlagen oder in sein Zimmer einzusperren, oder daß die sinnvollste Reaktion auf eine rausgestreckte Zunge eine Ohrfeige ist, dann braucht man diesen Abschnitt nicht zu lesen.

Meiner Ansicht nach enthalten Ohrfeigen oder spontanes Schlagen nur zwei angemessene Aussagen:

1. Die Eltern können einen Teil *ihrer* Aggressionen abbauen. Dieser Vorgang ist notwendig und auch in Ordnung!

2. Das Kind merkt, daß die Eltern völlig hilflos und an ihre Grenzen gestoßen sind.

Alle anderen Botschaften des körperlichen Strafens sind peinlich, wirkungslos, beziehungszerstörend und ohne Weitblick. Das geschlagene Kind wird über den Elternteil denken: „Er ist nicht klug und souverän. Er ist mir nur körperlich überlegen. Ich bin seiner Gewalt ausgeliefert. Er tut mir weh, folglich liebt er mich nicht."

Deswegen möchte ich hier für angemessene verbale Reaktionen auf Wutausbrüche von Kindern plädieren.

a) Ihr *Kleinkind schlägt* nach Ihnen, beißt Sie oder zieht an Ihren Haaren. Dabei handelt es sich um kein Spiel, sondern die Situation ist ernst: Das Kind brüllt und stampft mit dem Fuß auf, seine Augen sprühen Funken, und es heult Tränen der Wut. Wenn es spielerisch gemeint wäre, könnten Sie mitspielen oder sein Verhalten einfach ignorieren.

Folgende (naheliegende) Äußerungen auf die echte Wut halte ich *für nicht sinnvoll,* weil sie im Kind wenig konstruktive Reaktionen auslösen:

– „Peter, du tust mir weh!"

Das Kind hat sich über Sie geärgert und will Ihnen wehtun.

– „Maria, es ist böse, seine Mama zu hauen! Das macht ein braves Kind nicht!"

Tatsächlich fühlt es sich im Moment böse und will kein braves Kind sein. In beiden Fällen bestätigt man in gewisser Weise sein Verhalten.

– „Wenn du das nochmal machst, hau' ich dich auch!"

Die Botschaft: „Ich kann mir vorstellen, du machst es nochmal! Ich biete dir einen Machtkampf auf der kindlichen

Ebene an. Aber eigentlich bin ich mit meinem Latein am Ende."

- „Wenn du glaubst, du kannst nach mir schlagen, dann hast du dich aber getäuscht. Ich zeige dir gleich, wo's langgeht, mein Lieber!"

Eine derartige Formulierung verstehen Kleinkinder kaum! Als Botschaft wird vermittelt: „Gleich habe ich dich absolut auf 180!"

- „Du bist vielleicht eine Böse! Man schlägt doch nicht nach seiner Mutter! Hör sofort auf damit!"

Sie vermitteln eine Du-Botschaft und suggerieren: „Du hast recht, ich bin sehr böse auf dich!"

- „Warum schlägst du mich?" Die Antwort, die das Kind darauf nicht geben kann, lautet: „Weil ich stocksauer auf dich bin und es nicht anders ausdrücken kann."

Die sinnvolle Reaktion in solchen Fällen besteht in einer Antwort auf der Selbstdarstellungsebene, d.h. man spricht das *Gefühl* an, das hinter dem Schlagen steht. Und Sie wollen Ihr Kind ja anleiten, Konflikte sprachlich zu lösen, nicht wahr?

Sie könnten das Kind z.B. am Arm festhalten, so daß es nicht mehr schlagen kann, und in klaren, kurzen, eindeutigen Worten sagen: „Bitte sage mir sofort, was dich so an mir ärgert?" Oder: „Ich weiß, du bist stockwütend auf mich, aber schlagen will ich nicht!" Oder: „Ich möchte nicht, daß wir uns schlagen, Reiner! Sag mir, wenn du dich über mich ärgerst." Sie können auch im Ton etwas schärfer reagieren und das Kind festhalten: „Auch wenn du wütend auf mich bist, ich lasse mich von dir nicht schlagen! Das macht mich stocksauer!" Danach können Sie es loslassen, stehenlassen, vielleicht weggehen.

Etwas später könnte das Gespräch so weitergehen:

„Schätzlein, ich möchte nochmals über die Sache von vorhin sprechen. Ich verstehe, daß du sehr wütend auf mich warst, weil ich dir den Kleber weggenommen habe." (Metakommunikation; ernster, aber liebevoller Ton; kurze Rede)

„Mhm … Mami, krieg' ich Cornflakes?" Die Situation ist dem Kind peinlich.

„Ich möchte, daß du mir das sagst, wenn du sauer auf mich bist, anstatt daß wir anfangen, uns zu hauen. Okay? Natürlich kriegst du Cornflakes."

Halten Sie Ihre Äußerungen kurz, damit das Gespräch dem Kind nicht peinlich wird. Vermeiden Sie lange Moralpredigten über körperliche Gewalt. Das nächste oder übernächste Mal wird das Kind nicht mehr schlagen, sondern Sie anschreien: „Ärger, Ärger, Ärger. Ich will den Kleber!" Sie antworten: „Auch wenn du sauer bist, aber den Tropfkleber kannst du nicht haben." Damit beenden Sie die Auseinandersetzung. In einer ruhigen Situation können Sie dann fragen: „Du ärgerst dich zur Zeit viel über mich, stimmt's? Ich denke, wir müssen beide üben, manchmal einen *Kompromiß* zu finden. Ein Kompromiß ist etwas, wo beide ein bißchen nachgeben und sich ein bißchen durchsetzen. Z. B. besorge ich dir einen anderen Kleber, der dann nur dir gehört. Oder du darfst den Tropfuhu haben, wenn du einen alten Kittel anziehst und viele Zeitungen unterlegst, oder wenn ich Zeit habe, mit dir zu basteln."

Wenn Sie jetzt glauben, das versteht ein Drei- oder Vierjähriges nicht, dann versuchen Sie es bitte einfach einmal! Beim nächsten Ärger wird es zu Ihnen sagen: „Ich bin so wütig, Mama, und ich will einen Klompomist!"

b) Das Kind drückt seine *Wut mit Worten* aus (meistens in Du-Botschaften – und meistens leider von uns gelernt). Hier empfielt sich das gleiche Verhalten wie beim ersten Fall.

Beispielsweise sagt das Kind verächtlich: „Du bist eine dumme Mama!" oder „Du bist eine alte doofe Kuh!" oder „Papi, du bist so böse!" Sie könnten auf den Ärger oder die Enttäuschung, die hinter der Äußerung stehen, mit einem Verbot („So etwas sagt man nicht!"), einer Drohung oder einem kurzen Vortrag über Rinder und andere Haustiere reagieren. Das bleibt meistens unwirksam. Auf keinen Fall lösen Sie damit das gemeinsame Problem! Ihre Gefühle und die Gefühle des Kindes bleiben unausgesprochen und wirken fatalerweise noch destruktiver, als wenn sie direkt ausgedrückt worden wären; dadurch lägen sie auf dem Tisch und wären entschärft.

Als Grundregeln gilt zu beachten:

1. Reaktion auf der *Selbstdarstellungsebene*, d.h. auf das Gefühl, das Ihrer Meinung nach hinter dem Verhalten oder der Äußerung des Kindes steht. „Du bist sauer auf mich, okay. Aber ..."

2. *Ich–Botschaft* (eigenes Gefühl) und *Ich-Abgrenzen*. „Ich will nicht, daß du dumme Kuh zu mir sagst!"

3. Kurze *eindeutige Erklärung* („..., weil ..."): „..., weil ich nicht dumm bin", „..., weil ich das auch zu dir nicht sage", „..., weil ich keine dumme Kuh sein möchte, und es mich verletzt, wenn du so mit mir sprichst".

Ein Kind, mit dem nicht in abwertenden Du-Botschaften gesprochen wird, wird diese selbst auch nicht benutzen!

4. *Nachbesprechung*; Finden eines *Kompromisses*.

Folgende Fehler bitte vermeiden:

1. Sie sprechen über das Verhalten und die Worte statt über das dahinterliegende Gefühl.

2. Sie vergessen es, den eigenen Ärger konkret und angemessen auszudrücken.

3. Sie erklären zu langamtig.

4. Sie grenzen sich nicht selbst ab.

5. Sie vergessen die Nachbesprechung und suchen nicht gemeinsam nach Kompromissen. Damit unterlassen Sie die Pflege der Beziehungsebene!

c) *Provokationen:*

Im allgemeinen gelten hier die gleichen Überlegungen wie bei körperlichen und verbalen Aggressionen. Zunächst einige grundlegende Gedanken zu diesem „herausfordernden" Thema:

Beobachten Sie sich einmal selbst: Wann fühlen Sie sich durch etwas provoziert? Sie werden merken, daß sehr viele Sachverhalte, die Eltern als provokativ erleben, vom Kind nicht als vorsätzliche Herausforderungen gemeint sind! Durch die eigene augenblickliche Stimmung bewertet man – auf der Beziehungsebene – das kindliche Verhalten als witzig, nicht ganz korrekt, unerwünscht, unmöglich oder gar als bloße Herausforderung zur Auseinandersetzung.

Dieser Tatbestand wird ganz deutlich, wenn man sich in guter Stimmung beobachtet. Stellen Sie sich vor: Man bietet Ihnen einen ganz tollen Nebenjob an, Sie erhalten ein großes Lob vom Chef, Sie haben einen netten kleinen Flirt mit einem Kollegen gehabt, Sie haben beim Tennisturnier den silbernen Pokal gewonnen, Sie haben endlich die Traumwohnung ergattert usw. Dann dürfte sich Ihr Kind vieles erlauben. Selbst wenn es mit herausgestreckter Zunge, ein schwappendes Saftglas in der Hand, um die Mutter herumspringt und „Blödel-Mama, Dödel-Mama, Knödel-Mama" singt, würde sie bestenfalls in gespieltem Ärger hinter ihm herlaufen, ihm kichernd („du bist ja wohl ein Oberschlingel") leicht in den Po zwicken und ihm sanft das Glas aus der klebrigen kleinen Hand entwinden.

Wenn man sich dagegen in alltäglicher Gefühlslage befindet, also weder gut noch schlecht fühlt (vielleicht haben Sie gerade das Buch bis hierher gelesen), dann würde man vielleicht sagen: „Isabelle, es nervt mich. Ich möchte nicht, daß du mit einem vollen Glas rumläufst. Bitte stell es hier auf den Tisch." (Ich-Botschaft, konkrete Beschreibung, klare Aufforderung). Die „Blödel-Mama" würde man bitte ignorieren.

In dem Fall, daß man schlecht gelaunt ist, sich unzufrieden, genervt, geladen oder depressiv fühlt, wird man zwangsläufig zwei, drei Provokationen aus dem Verhalten des Kindes herausspüren, sich persönlich, d.h. auf der Beziehungsebene, angegriffen fühlen:

- das Ignorieren der Bitte, nicht mit vollem Glas herumzulaufen;

- die „Blödel-Dödel-Mama";
- die Unruhe, die das Kind verbreitet.

Bei Provokationen spielt ein weiterer Aspekt eine wichtige Rolle:

Das unerwünschte Verhalten oder die „Null-Bock-Stimmung" hat nicht das Ziel, Sie zu provozieren, sondern hat andere Ursachen (etwa die eigene Lust bzw. Unlust).

Beispielsweise erwarten Sie kurzfristig wichtigen Besuch: Es soll aufgeräumt sein. Sie haben weder die Zeit noch die Nerven, zu den Abfallcontainern zu fahren, und stopfen kurzerhand den Berg alter Zeitungen und Kartons in die Haustonnen. Wollen Sie damit den Hausmeister provozieren? Nicht die Spur! Sie haben nur gerade selbst keinen Bock!

Oder ein riesiger Berg von Hemden Ihres Mannes liegt ungebügelt im Wäschekorb. Das Wetter ist herrlich, die Sonne scheint, und eine Freundin lädt Sie mit den Kindern ins Schwimmbad ein. Sie fahren natürlich mit und bleiben sogar, weil es so schön ist, bis 19.30 Uhr im anliegenden Biergarten. Die Kinder und Sie amüsieren sich bestens! Ihr Partner aber ist abends stocksauer, weil sein Lieblingshemd nicht gebügelt ist und es nur Kaltes zum Abendessen gibt! Er ist gestreßt und fühlt sich provoziert – in die Richtung: „Ich bin ja hier völlig unwichtig."

Die bisherigen Überlegungen sollten zeigen, daß nicht alles, was vom Empfänger (auf der Beziehungsebene) als Provokation empfunden wird, auch tatsächlich vom Sender auf der Selbstdarstellungsebene provokativ („Ich will mich mit dir streiten.") gemeint ist und Streit-Reaktionen „herausfordern" will.

Versuchen Sie, Situationen daraufhin zu überprüfen. Bewerten Sie auch den Einfluß Ihrer eigenen Befindlichkeit auf das Geschehen. Wenn Sie sich dann sicher sind, daß Sie nicht überempfindlich reagieren und das kindliche Verhalten nicht nur einer muffigen Laune entspringt, sondern der auf das

Tischtuch plätschernde Kakao absichtlich verschüttet wird und als Kampfansage gemeint ist, dann können Sie angemessen auf diese echte Provokation reagieren.

Dabei ist es ganz wichtig, sich „authentisch", „echt" zu verhalten. Wenn Sie starken Ärger verspüren, drücken Sie ihn aus! Sprechen Sie laut, ernst, kurz, mit der entsprechenden Gestik (z. B. mit der Faust auf den Tisch schlagen). Sie könnten sagen: „Ich ärgere mich wirklich, Tim!" Auf der Selbstdarstellungsebene äußern Sie: „Wenn du wütend auf mich bist, dann sag mir das! Was ist los, daß du mich ärgern möchtest? Was macht dich so wütend?" (mit festem Blickkontakt). Metakommunikativ argumentieren Sie: „Ich möchte nicht, daß wir so miteinander umgehen!" Fallen Sie nicht auf den Inhalt der Provokation herein! Das wäre eine Sackgasse: Es führt zu nichts, über den mit einem Grinsen vergossenen Kakao zu debattieren, die Verschwendung von Lebensmitteln oder die schlecht auswaschbaren Flecken zu beklagen. Nur das Sprechen über das gegenseitige Gefühl erweist sich als sinnvoll und hilfreich in einer solchen Situation. Das Thema lautet: „Was machen wir miteinander? Wo sind deine Grenzen, wo sind meine Grenzen? Wie ist unsere Beziehung?" Alles andere geht am Kern der Problematik vorbei und ändert dadurch nichts bzw. verschlechtert den Kontakt.

Eine andere Reaktionsform wird von vielen Eltern immer wieder – und meist erfolglos – erprobt: Die Frage nach dem „Warum". Auch kleine Schulkinder sind nicht in der Lage, auf die Frage „Warum tust du das?" von sich aus zu antworten. Ein bockiges „Darum!" oder „... weil ich eben will!" wird die einzige Reaktion sein.

Eine Möglichkeit, differenzierter nach dem Motiv für das als provozierend empfundene Verhalten zu forschen, besteht darin, dem Kind Vorschläge zu machen und damit zu helfen, das Motiv selbst ausfindig zu machen:

- Wenn es z. B. Aufmerksamkeit möchte: „Könnte es sein, daß du möchtest, daß ich mich mehr mit dir beschäftige?"
- Wenn es um die Beziehungsebene geht: „Könnte es

sein, daß du gerne der ‚Bestimmer' sein willst?" Oder: „Könnte es sein, daß du findest, daß ich immer zu viel von dir will?"

- Wenn das Kind sich rächen bzw. wenn es bestrafen will: „Könnte es sein, daß du mich richtig verletzen willst?"

Man braucht sich nicht davor zu scheuen, denn mit negativen Gefühlen läßt sich besser umgehen, wenn sie auf dem Tisch sind. Außerdem lernt das Kind so: Man kann darüber sprechen, muß nicht schlagen oder schreien.

Eine andere Art von Provokation zeigt sich, wenn Kinder gelegentlich versuchen, teilweise mit Hilfe von Schwindeleien, uns Erwachsene zu schockieren. Dieses Verhalten kann dem Wunsch nach Aufmerksamkeit entspringen oder soll die Grenzen und Reaktionen der Erwachsenen testen.

Z. B. erzählt Ihnen die fünfjährige Marita (mit ernster Miene, Nicken, großen Augen): „Bei uns zuhause gibt es nur Gummibärchen zu essen. Gar nichts anderes. Meine Mami findet sie gesund." Oder ein fremdes Kind berichtet Ihnen morgens im Kindergarten (mit pfiffigem Grinsen und blitzenden Augen): „Mein Papa ist heute morgen in den Knast gekommen." Wie kann man auf diese Art von Provokation reagieren? Provoziert fühlt man sich in diesem Fall wohl dadurch, daß man nicht weiß, wie man reagieren soll. Machen Sie sich keinen Streß! Immer wenn Sie nicht wissen, wie Sie handeln sollen, was Sie antworten können, ist es sinnvoll zu „spiegeln", „aktiv zuzuhören" (vgl. Kapitel 2.4). Entsprechend der Situation können Sie auch humorvoll auf der Beziehungsebene („Ich will dich testen.") reagieren: Sie spielen mit, gehen in die Kniebeuge, grinsen verschmitzt, um nonverbal die Ungläubigkeit zu signalisieren, und sprechen: „Nee, sag mal, in den Knast gekommen?" oder „Ihr eßt nur Gummibärchen. Ist das nicht ganz schön klebrig?"

4.3 Familienkonflikte und wie man sie lösen kann

Im folgenden dreht es sich nicht um freches Verhalten, Ärger oder Ungehorsam, sondern um Meinungsverschiedenheiten und unterschiedliche Bedürfnisse.

Zunächst möchte ich das Thema anhand zweier Beispiele veranschaulichen:

1. Beispiel: Ihre Neunjährige will eine bestimmte Sendung im Vorabendprogramm sehen, die Sie für besonders schlecht halten. Die Handlung des Filmes ist billig, oberflächlich und ordinär. Die Dialoge sind wertlos und die Schauspieler unteres Niveau.

2. Beispiel: Ihr Zwölfjähriger möchte unbedingt mit der Familie eines Freundes in den Campingurlaub fahren. Das ist Ihnen gar nicht recht. Erstens wollen Sie die Ferien mit der ganzen Familie verbringen. Zweitens empfinden Sie diese Familie als unangenehm, weil Sie glauben, daß da sehr viel Alkohol getrunken wird usw.

Wie beim Thema „Kritik" sind nicht alle Probleme gleichwertig. Es macht einen Unterschied, ob es sich um eine Bagatelle (z. B. Stefanie will unbedingt ein drittes Eis) oder um etwas Wichtiges wie in den obigen Beispielen handelt, bei denen eine „Familienkonferenz" erforderlich ist.

Haben Sie schon einmal bemerkt, daß man sich zusammensetzen muß, um sich auseinanderzusetzen? Wenn ja, was bedeutet das? Das Zusammensetzen dient der bewußten Herstellung von Nähe, Kontakt, Konzentration aufeinander. Der gemeinsame „runde Tisch" verbindet die Familienmitglieder. Damit sind bereits die Grundvoraussetzungen für eine konstruktive Gesprächsführung in der Familie gegeben.

Zugleich sollten Sie bedenken, daß Ihre Kinder keine Kunden, Klienten, Kollegen, Mitarbeiter der Konkurrenzfirma darstellen, die es mit rhetorischen Tricks zu überzeugen gilt. Behalten Sie die alte, aber wichtige Gesprächsregel im Hinterkopf, daß „eine gewonnene Diskussion oft ein verlorener Freund ist!" Daher sollte man bei Debatten innerhalb der Familie bzw. mit den Kindern darauf achten, daß sich keiner als Verlierer fühlt. Eine solche Situation führt zu Frustrationen, neuen Aggressionen, Mißtrauen, heimlichen Handlungen. Sie werden feststellen, daß es Ihnen mit ein wenig Übung überhaupt nicht schwerfallen wird, Kompromisse oder neue Lösungen zu finden.

Man weiß aus vielen Fällen in der Familienberatung, daß Kompromisse in jedem Fall scheinbar demokratischen Mehrheitsbeschlüssen vorzuziehen sind. Abstimmungen bringen es meistens also nicht, denn wer dabei unterliegt, boykottiert oft den Beschluß. Mit einem Kompromiß hingegen können alle gut leben.

Wie kann das aussehen?

Im ersten Beispiel geht es um eine Fernsehsendung:

Julia: „Mami, darf ich den Fernseher anmachen?"

Elternteil: „Ja, aber ich möchte nicht, daß ihr diese bescheuerte Sendung ‚Gracia' anschaut."

Julia: „Och bitte, das ist doch meine Lieblingssendung."

Elternteil: „Ehrlich gesagt, nervt es mich, daß du so etwas Doofes lustig findest, es gibt doch zur selben Zeit soviel witzigere Filme."

Julia: „Also darf ich es jetzt anschauen?"

Elternteil: „Du willst es unbedingt sehen?"

Julia: „Ja, die Sendung ist einfach so lustig und geil, du hast die ja noch nie richtig angeschaut."

Elternteil: „Ich möchte jetzt auch was kochen und hab' keine Zeit. Aber ich schlage dir einen Kompromiß vor! Du sichst heute z. B. ‚Alf', den kann deine kleine Schwester auch anschauen, und morgen schaue ich mir mit dir zusammen ‚Gracia' an. Vielleicht merke ich dann ja auch, daß der Film doch ganz lustig ist. Okay?"

Julia: „Dürfen wir dann beide Teile von ‚Alf' gucken? Hi, hi, die dauern ja viel länger." (Sie hüpft klatschend im Kreis herum.)

Elternteil: „In Ordnung."

Auf diese Weise kann man einen Konflikt zur beiderseitigen Zufriedenheit lösen: klare Ich-Botschaften, aktives Zuhören, Metakommunikation und Kompromißvorschläge. Dadurch entwickelt keiner der Beteiligten hinterher ein „Verlierer-Gefühl".

Vergleichen Sie dazu das zweite Beispiel („Campingurlaub"):

Jan: „Es wären ja nur zehn Tage, die die Roths in Istrien bleiben wollen. Danach sind wir ja wieder zusammen."

Elternteil: „Da hast du recht. Aber du weißt, so gerne ich den Peter mag, seine Eltern sind mir einfach nicht sehr sympathisch, ehrlich gesagt, kenne ich sie nur vom Sehen."

Jan: „Ach geh', die sind echt in Ordnung."

Elternteil: „Ich mache mir einfach Sorgen, daß sie sich nicht genug um euch kümmern und Peter und dich die ganze Zeit mit dem zwei Jahre älteren Bruder alleine rumhängen lassen."

Jan: „Du, ich bin kein kleines Baby mehr! Ich will so gern mit Peter zusammensein. Den kennst du doch, der ist voll in Ordnung!"

Elternteil: „Hm ... Es ist dir wahnsinnig wichtig, gell, weil du Peter so gern magst und vielleicht auch mal ohne uns sein willst? Ich verstehe das schon."

Jan: „Nö, ich fahre gerne mit euch, mit dem Boot und so. Aber viele in der Klasse fahren irgendwie allein oder mit Freunden weg."

Elternteil: „Jan, ich kann es ganz schlecht beschreiben, aber ich habe ein ganz blödes Gefühl dabei im Bauch. Irgendwie will ich es einfach nicht. Ich glaube, wir müssen einen Kompromiß oder eine andere gemeinsame Lösung finden. Hilf mir mal! Fällt dir was ein, das wir beide okay finden könnten?"

Jan: „Mhm ... Ich will mit Peter auch in den Ferien zusammensein. Lade Peters Eltern doch mal ein, daß du sie kennenlernen kannst, vielleicht findest du sie dann gar nicht so schlimm."

Elternteil: „Schon mal 'ne gute Idee."

Jan: „Vielleicht könnten wir uns ja dieses Jahr mal ein Wohnmobil mieten und auf den selben Campingplatz fahren wie Roths."

Elternteil: „Wir haben unser Ferienhaus in Italien ja schon fest gebucht, Jani. Aber jetzt hab' ich noch eine Idee: Wie fändest du es, wenn *wir* Peter vielleicht für die halbe Ferienzeit einladen. In dem Haus müßte noch Platz für einen Jungen sein. Vielleicht erlauben es seine Eltern."

Jan: „Oh super, das wäre stark. Dann kann ich ihm unser Boot zeigen, und wir können zusammen angeln."

Vielleicht gäbe es noch weitere Kompromißformen. Man muß sie nur finden wollen.

Diese Methode der Auseinandersetzung erweist sich als schwierig, weil wir als Erwachsene meistens ganz umlernen müssen. Die „niederlagelose Methode" (nach Thomas Gordon (5)) kennen wir in der Regel nicht aus der eigenen Erziehung. Früher setzten sich größtenteils die Mutter oder der Vater durch; in Ausnahmefällen erquengelte man sich als Kind einen Sieg, der dann auf emotionale Kosten der Eltern ging. Die Konfliktbewältigung durch Sieg und Niederlage belastet auf Dauer die Beziehung zwischen Kindern und Eltern. Daher sollte man die „Winner-Winner-Methode" in der Familie üben.

4.4 Von Dummköpfen, blöden Schweinen und Schlimmerem: der Umgang mit unangenehmen Begriffen und Schimpfwörtern

Welche Eltern kennen nicht das Problem mit dem Schimpfwörtern! Kaum geht das Kind die ersten Wochen in den Kindergarten, kommt es auch schon mit Ausdrücken nach Hause, die jede Mutter kurz zurückzucken lassen.

Erinnern Sie sich an das Thema „die Macht der Worte"? Unanständige Ausdrücke und Schimpfwörter sind hervorragende Mittel, „Macht" auszuüben: Kinder ärgern sich maßlos, und Erwachsene sind schockiert. Es gibt für Kinder nur wenig Möglichkeiten, mit so wenig Aufwand („Der Oberlehrer Dummsen, der kann so herrlich bumsen.") so viel zu erreichen: Verblüffung und Hilflosigkeit von Eltern und Bekannten, von älteren Tanten und der Verkäuferin im Käsegeschäft. Sie erhalten ungeahnte Aufmerksamkeit, fühlen sich toll und ernten meistens eine lange Tirade von Erklärungen, Belehrungen und Aufforderungen, diesen peinlichen Spruch oder dieses „schlimme" Wort nicht mehr zu benutzen!

Wenn man als Elternteil ganz „cool" nachfragt, Neugierde und Unverständnis heuchelt: „Oh, klingt ja interessant. Was ist denn das: bumsen?", dann wird man sehr oft die erstaunliche Erfahrung machen, daß das Kind gar nicht weiß, wovon es spricht. Auch jüngere Schulkinder können in den wenigsten Fällen Ausdrücke aus dem Sexualbereich („Hurensohn, Wixer, Nutte, schwuler Otto etc.") richtig erklären. Die Kleinen begreifen nicht, warum der Ausdruck „Sau" eine negative Bedeutung hat und das Wort „Fuchs" nicht; das Gegenteil kann der Fall sein (für sie verbreitet der Fuchs Angst und ist hinterlistig). Sie können nicht verstehen, warum die Mutter ärgerlich reagiert, wenn man „Du altes Schwein" zu ihr sagt, während sie einen lachend in den Arm nimmt, wenn man sie einen „alten Pandabär" nennt. Kinder haben zu Tieren völlig andere Assoziationen als Erwachsene.

Fragen Sie einmal ein Dreijähriges, was eigentlich ein „Arslok" ist, wenn es neben Ihnen vom Kindergarten nach Hause hopst und freudestrahlend, mit blitzenden Augen „Arslok, altes Arslok" singt. Ich habe damals mit Leonie die folgende Erfahrung gemacht. Auf meine Nachfrage antwortete sie: „Irgend etwas Dummes." – Ich entgegnete: „Aber sag mal, du weißt doch, was der Arsch ist?" – Sie dachte nach und fragte zurück: „Was glaubst du, Mami?" – Ich gab zur Antwort: „Das ist ein häßliches Wort für den Popo." – Bedächtig schüttelte sie den Kopf und stellte fest: „Nee, nee, Mami, das kann ja nicht sein, nämlich, da gibt's ja gar kein Loch drin!" – Ich wußte Bescheid! Leonie verstand noch überhaupt nicht, was sie sagte, sie wußte nur, daß sich Kinder beleidigt fühlen und Erwachsene seltsam empfindlich auf dieses „Zauberwort" reagieren. Als sie mich zwei Jahre später einmal nach dem Kindergarten fragte, was denn ein „Doppelficker" sei, antwortete ich, daß ich es nicht genau wüßte, und fragte sie, was sie sich darunter vorstellt. Sie zuckte die Schultern, streckte umständlich ihre zwei kleinen dicken Mittelfinger in die Luft und meinte: „So was. Also wirklich was zum Lachen!"

Beim Umgang mit Schimpfwörtern kann ich Ihnen nur raten: Bitte nicht überbewerten! Je mehr man darüber spricht, erklärt, sich aufregt, die Worte verbietet oder gar bestraft, um so spannender wird der Gebrauch der Ausdrücke für Kinder. Man sollte ihnen die eigene Ablehnung erklären: „Ich finde das Wort unangenehm, peinlich, megadoof, blöde." (in einer Ich-Botschaft) und dann die Schimpfwörter möglichst ignorieren.

Dabei sollten Sie beachten: Wenn Kinder zwischen fünf und sieben Jahren, vor allem die Jungen, ständig von „Pinkeln, Pimmel, Ficken usw." reden, dann könnte dies ein Hinweis auf das Bedürfnis nach differenzierter sexueller Aufklärung sein (siehe Kapitel 5.2). Ebenfalls erlebt man häufig, daß Mädchen wie Jungen im mittleren Schulalter (zwischen acht und zwölf Jahren) mit sexuellen Begriffen herumwerfen, ohne detailliert zu wissen, was sie bedeuten. Sie tun das „probeweise" und hoffen, daß ihnen die Erwachsenen, wenn auch unter Protest, erläutern, was diese Ausdrücke beinhalten. Deshalb können Sie Ihrem Kind ruhig und freundlich erklären, ohne einen entsetzten Eindruck zu machen, was „schwul" bedeutet, was „eine Nutte" ist, was der Unterschied zwischen „einem Wixer" und „einem Fixer" ist usw. Gleichzeitig kann man ihm mitteilen, daß man bestimmte Wörter einfach dumm findet und sie deswegen nicht hören mag. Es liegt natürlich an der Qualität ihrer Beziehung, ob das

Kind sie mit solchen Ausdrücken in Zukunft verschonen oder provozieren wird. Sollte das nicht der Fall sein, dann könnte man darüber wieder sprechen.

4.5 Der ewige Geschwisterstreit: wann und wie eingreifen?

Als Grundregel gilt hier: Greifen Sie so selten wie möglich und absolut nur so oft wie nötig ein! Das gilt natürlich nicht, wenn die lieben Kleinen beginnen, sich ernsthaft gegenseitig zu verletzen.

Streitereien bedeuten für Kinder meistens etwas ganz anderes als für uns Erwachsene: sie gehören zum Spiel. Fragen Sie z. B. Peter, der eben noch mit Michael verkeilt mit verbissener Miene auf dem Boden herumrollte, wer sein bester Freund ist: „Natürlich ‚der'!" Sein Kinn weist trotzig in Richtung Michael.

Bei Streitigkeiten zwischen Geschwistern stehen im Unterschied zu solchen zwischen fremden Kindern oft ernste oder grundlegende Emotionen und Gefühle dahinter. Einer der wenigen Vorteile (fast der einzige), den Geschwister heute gegenüber Einzelkindern haben, ist die Tatsache, daß sie bereits in der Kindheit intensive Gefühle erleben, die den anderen oft bis ins Erwachsenenenalter unbekannt bleiben: tiefen, verzweifelten Neid, Konkurrenz, Rivalität, krankmachende Eifersucht, Ungerechtigkeit. Geschwister erlernen früh, sich mit „Aschenputtel" zu identifizieren, aber auch als „Hänsel und Gretel" gemeinsam und solidarisch Gefahren zu überwinden und ins Leben zu gehen. Sie erfahren eher, wie man sich auseinandersetzt, sich streitet, Konkurrenz aushält oder sich in einer gewissen „Rolle" (Älteste, Mittlere, Jüngste) behauptet.

Es gibt zwei Ursachengruppen bei Zwistigkeiten unter Geschwistern, die aber leicht abwechselnd ineinander übergreifen:

a) Streit, um Aggressionen abzubauen, die aus negativen Gefühlen durch die Familienkonstellation entstehen.

Kinder streiten sich aus Eifersucht des Größeren auf den Kleineren oder des Benachteiligten auf den verzogenen Liebling; aus Neid, weil der andere einfach (scheinbar) besser, klüger, hübscher, schneller, charmanter etc. ist. Es werden sachliche Konflikte benutzt, um Emotionen auszutragen: Der eine gebraucht ungefragt das Spielzeug des anderen, beschädigt dessen Bastelarbeiten, stichelt und ärgert ihn.

b) Streit um tatsächliche, sachliche Probleme.

Das eine Kind möchte Ordnung im Kinderzimmer halten, das andere Kind produziert ständig Chaos und räumt nicht auf. Der eine möchte laute Musik hören, herumtoben, viele Freunde einladen, und der andere möchte nachmittags seine Ruhe haben, lesen, ruhig spielen, Kassetten hören. Der eine hat etwas gebaut, der andere macht es kaputt, weil er etwas Neues bauen möchte usw.

Wie verhält man sich sinnvoll bei Geschwisterstreitereien?

Zunächst gilt: so wenig wie möglich eingreifen. Meistens verschlimmert man durch Parteinahme das Problem, wenn man als Elternteil eingreift. Oder es stellt sich die Frage, zu wem hält die Mutter oder der Vater. Und das geht nahtlos in die Frage über, wen liebt sie/er mehr.

Als Grundregel läßt sich formulieren: Wenden Sie sich nicht nur an ein Kind! Schimpfen, befragen, ermahnen oder trösten Sie beide Kinder. In gewisser Weise sind immer beide „schuld". Wenn Sie eingreifen, dann wenden Sie sich an beide Kinder mit Ich-Botschaften und offenen Fragen: „Was war los? Was ist denn euch passiert? Wie kam es denn dazu?" Statt: „Wer war das? Warum hast du ...?" Geben Sie klare Anweisungen.

Wenn es nicht anders geht, kann man unter Umständen die Streithähne auch kurzfristig trennen.

Wenn Eifersucht das Motiv ist, könnte es sogar hilfreich sein, dem „Täter" mehr positive Zuwendung als dem „Opfer" zu geben, indem Sie sein Verhalten ignorieren, ihm Liebe zeigen. Sie sagen beispielsweise:

„Ärgerst du dich denn so über den Kleinen, Matthias? Komm, hilf mir, du kannst den Kuchenteig auswalzen und dann die Schüssel auslecken."

Außerhalb der Streitsituation können Sie dann nochmals mit dem „Großen" darüber reden, z. B.:

„Ich hab' das Gefühl, daß deine kleine Schwester dich zur Zeit ganz schön nervt?"

„Mhm ..."

„Das geht mir auch manchmal so! Aber hauen und schubsen dürfen wir sie deswegen nicht. Kleine Kinder sind halt so! Da müssen wir zwei durch! Gott sei Dank hab' ich ja dich, mein liebes, großes, vernünftiges Kind." Dabei können Sie ihn streicheln oder umarmen. Wenn man mehrere Male mit dem eifersüchtigen Kind in dieser Weise spricht, wird es bald weniger leiden und souveräner mit dem Geschwisterchen umgehen können.

4.6 „Nein, nein, nein!" – eigener Sinn erfordert Eigensinn

Die volle Einkaufstasche und zwölf Kilo Zorn unter dem Arm, Streß und Verzweiflung im Gesicht, schleppt die junge Mutter ihren Sprößling keuchend aus dem Supermarkt. Eine alte Frau blickt ihr kopfschüttelnd hinterher: „Des hätt's bei uns net' geb'm! Dem gehör'n ein paar hinten drauf!"

Ich meine, die junge Frau verhält sich ausgesprochen angemessen!

Denn: Wie reagiert man sinnvoll und ‚pädagogisch wertvoll', auf solche Wutausbrüche im sogenannten „Trotzalter"? Wie setzt man Grenzen in einer Situation, in der sowohl das kleine Gehirn des Dreijährigen als auch das gestreßte Mutterhirn mit Adrenalin vollgepumpt sind und kein ‚cooler' Gedanke mehr zu fassen ist?!

„Trotz" ist ein Wort, welches nur im deutschen Sprachraum einen so negativen Touch hat. Andere Sprachen betonen mehr die Entwicklung des „Ich", des eigenen Sinnes!

Hier ein paar kurze entwicklungspsychologische Anmerkungen: Ungefähr zwischen dem ersten und dritten Lebensjahr entwickelt sich nämlich nach Schenk-Danzinger (11) die erste Form der Persönlichkeit, das sogenannte „praktische Ich". Es manifestiert sich in folgenden Haltungen:

1. Ich kann handeln: etwas schleppen, etwas bauen, manschen, klettern, spielen, krabbeln etc. – Und es macht große Wut, wenn es nicht gleich klappt.

2. Ich habe: Mir gehört alles. Ich brauche unbedingt das Spielzeug, das gerade ein anderes Kind benutzt. Ich baue Zäune um meinen Holztierzoo, ich kann und will nichts abgeben.

3. Ich will was anderes als du willst, Mami! Ganz egal, um was es geht. Ich „muß" praktisch etwas anderes wollen. Wenn du möchtest, daß ich die Halbschuhe anziehe, kann ich die Gummistiefel wollen. Wenn du mir roten Tee einschenkst, kann ich Saft wollen. Egal wie du mich auch wählen läßt, ich werde etwas finden, womit ich mich von dir abgrenzen kann.

Diese Abgrenzung, die oft mit viel Wut abläuft, bezeichnen wir als „Trotz". Er trifft die Mutter immer am meisten, die Großmutter sagt oft: „Komisch, bei mir ist er immer ganz lieb..!" Denn mit der Mama bestand im Säuglingsalter die engste Beziehung, die Symbiose. Diese symbiotische Zeit ist nun vorbei. Man ahnt schmerzlich und angsterfüllt, daß man dieses Leben alleine leben muß!

Man kann sich bereits flink und geschickt fortbewegen, klettern, hüpfen, – aber man fällt noch oft hin, herunter oder um. Die kleinen Hände können flink fast alles auseinandernehmen, aber zum Aufbauen, zum Zusammensetzen reicht die Geschicklichkeit meist nicht aus. Man versteht viele hundert Worte, – sich selbst differenziert auszudrücken gelingt nur teilweise. Das „Selbst-Gefühl" ist sehr labil. Man will sich ablösen, hat aber auch riesige Angst davor.

Diese Angst sitzt tief in der kleinen Seele, ebenso tief wie die Sehnsucht nach dem Leben und dem Selbst, dem Bedürfnis, groß und selbständig zu sein. Anna (drei Jahre) sagte einmal nachdenklich, als sie einen vollständigen Besteckstz nebeneinander liegen sah: „Mami, weißt du, was sich dieser kleine Löffel hier denkt?" – „Was denkt er?" – „Ach wär ich doch auch so groß wie die anderen, und trotzdem noch bei ihnen ...!"

Diese beiden Strebungen sind immer gleichzeitig da. Es besteht also ein ständiger innerer Konflikt, der ein Kind in diesem Alter aggressiv oder depressiv reagieren läßt, und zwar oft abwechselnd oder beides gemeinsam.

Es ist wirklich schwer für uns Mütter, mit diesen starken Gefühlsausbrüchen umzugehen. Wir selbst sind ja perfekt darauf trainiert worden, unsere, und zwar vor allem die negativen, Emotionen zu kontrollieren bzw. zu unterdrücken. So gesehen kann die „Trotzphase" des Kindes, die eigentlich ein „Selbständigwerden" ist, auch für die Mutter eine Chance sein, ihre Autonomie wieder zu entdecken, sich abgrenzen zu lernen.

Während das Kind lernt, eigenen Willen wahrzunehmen und durchzusetzen, haben ergänzend dazu auch die Mütter die Chance, ihre Wünsche wieder wahrzunehmen und durchzusetzen. Denn auch – und besonders – in dieser Zeit muß das Kind, welches ja bislang keine Begrenzung, kein Ende der Mutter, beziehungsweise der Mütterlichkeit wahrnehmen konnte, lernen, daß auch Mama eventuell kantige, harte, schrille, laute, jedenfalls eindeutige Grenzen und eigene Bedürfnisse hat.

Wie aber, um Gottes willen, wie sich verhalten?

Zunächst: cool bleiben; wenn es irgend geht, Ruhe bewahren. Daß dies die günstigste Voraussetzung ist, lernen die meisten Mütter beim zweiten Kind. Da kann man meist viel lockerer bleiben. Der vehemente Ärger des Erstgeborenen erschüttert sehr, und viele Mütter nehmen in zu persönlich.

Vielleicht ist das ja auch berechtigt. Ein Stückchen Traurigkeit ist ja bei den linkischen weiteren Abnabelungsversuchen des geliebten Babys auch angesagt, – es möchte ja absolut kein Baby mehr sein.

Allgemein läßt sich sagen, es gibt nur drei wichtige Dinge bei der Reaktion auf Trotzverhalten.

1. Trotzverhalten nie bestrafen! Z. B. indem man für den Wutausbruch das Eis streicht, nicht in den Zoo fährt, keine Gutenachtgeschichte erzählt. Das ist für ein Kleinkind völlig unverständlich, und es lernt indirekt: Mama bestraft mich, wenn ich selbständig werden will! Auch wenn man als Erwachsener sehr aus der Fassung gerät – dem Kind geht es im Moment mindestens genauso schlecht wie dem Elternteil: Es ist vor Ärger rot im Gesicht, bekommt vor Aufregung fast keine Luft, und vor Angst verkrampft sich der kleine Körper vielleicht so, daß es nichts mehr sieht und hört.

2. ist es wichtig, sich kongruent zu verhalten, also „normal" und stimmig mit den eigenen Gefühlen. Wenn man es eigentlich eher verständlich oder gar amüsant findet, wie sehr sich diese kleine Person ärgern kann, dann kann man freundlich bleiben, es anlächeln, natürlich ohne es auszulachen, und Hilfe anbieten, wieder aus der peinlichen Situation auszusteigen. Es kann nämlich schon für ein Zweijähriges verdammt unangenehm sein, wenn man sich schreiend, mit zornrotem Kopf, strampelnd auf dem Boden gewälzt hat, wieder aufzustehen und sich normal zu verhalten. Hier wird es souveräne Hilfe brauchen.

Wenn man den Nerv und die Kraft hat sich zu streiten, streiten Sie sich. Man kann ruhig mal laut werden, auch mit dem Fuß aufstampfen und sich dabei mit ihm auseinandersetzen. Das ist es, was es will! Hier ist es allerdings entscheidend, darauf zu achten, daß der eigene Ärger nicht so massiv wird, daß das Kind sich wirklich bedroht fühlt. Und immer wieder: Ich-Botschaften verwenden: „Ich bin auch ärgerlich Sebastian, wenn du ..!" Das Kind will sich hier um eine „Sache" streiten. Um Wickeln oder Nichtwickeln, um Mütze oder nicht Mütze. Die Beziehungsebene, um die es eigentlich bei der Abgrenzung geht, kann es noch nicht thematisieren.

Wenn man gerade nicht so viel Energie hat, denn auch mit kleinen Menschen kostet Streit viel Stärke, kann man es vorher ablenken oder es selbst entscheiden lassen. Wenn man den Weg wählt, das Kind viel selbst entscheiden zu lassen, reduzieren sich bei vielen Zwei- bis Dreijährigen die „großen Anfälle". Dabei darauf achten, immer nur zwischen zwei Dingen entscheiden zu lassen (Alternativ-Fragen): „Möchtest du die Banane oder den Apfel essen?" Und nicht: „Was möchtest du essen"? Oder: „Möchtest du die Strickjacke oder die Jeansjacke anziehen?" Und nicht: „Was ziehst du da noch drüber?" Letztere Formulierungen überfordern und machen wahrscheinlich wieder aggressiv.

Es gibt Mütter, die können das meisterhaft! Es ist aber nicht immer sinnvoll, dem Konflikt auszuweichen. Merke: Das Kind will sich von Ihnen abgrenzen. Und es wird sich alsbald eine neue Situation suchen, in der es den Aufstand proben kann. Auch wenn es schwerfällt, man sollte es dies angstfrei üben lassen.

Manchmal ist es gut, und ich denke für das Kind auch wichtig, nachzugeben. Manchmal ist es sinnvoll oder sogar unumgänglich, sich durchzusetzen (evtl. auch mit körperlicher Kraft: es wegtragen, es herunterholen, es festhalten). Wenn es noch ansprechbar ist, wird man manchmal einen Kompromiß finden. Und wenn man selbst ruhig und gut drauf ist, kann man versuchen, es liebevoll zu trösten. Beide, Mutter und Kind, können situationsangemessen ihre Chancen bekommen. Es tut der Souveränität keinen Abbruch, wenn man als Erwachsener ein Kind, wo es geht, selbst- oder mitbestimmen läßt. Man glaubt nämlich gar nicht, wieviel wir als Eltern im Umgang mit unseren Kindern entscheiden, anordnen, ermahnen, verbieten.

Man reagiert also hilfreich auf Trotzverhalten, jedesmal anders, der Situation und der eigenen Befindlichkeit entsprechend. Eine bestimmte „Methode" zu verwenden, würde bedeuten, das Kind bereits in seiner ersten Stufe der Persönlichkeitsentwicklung nicht ernst zu nehmen!

Und: die gut oder böse gemeinten Einmischungen von anderen Leuten ‚cool' ignorieren. Am besten, man reagiert überhaupt nicht darauf.

3. Meiner Erfahrung nach ist es sehr hilfreich, daß man auch alle paar Tage bespricht, was im Moment zwischen beiden abläuft (Metakommunikation). Das geht natürlich nur in einer friedlichen Situation, und wenn Sie den richtigen Moment abpassen, auch schon mit zwei- bis dreijährigen Kindern: „Martin, erzähl mir doch mal, was ist denn eigentlich los, daß du zur Zeit soviel schimpfen mußt? Immer mußt du dich so über mich ärgern ..." Martin: „Ja, weil du immer der Bestimmer bist ..." – „Hm, wir können mal versuchen, ob du auch mehr bestimmen kannst, ja..! Aber manche Sachen muß einfach ich bestimmen, weil ich mehr darüber weiß." Oder: „Schätzlein, jeden Tag haben wir zur Zeit solche riesigen Streits. Was ist, daß du dich soviel über mich ärgern mußt?" Kind: „Weil du so riesig groß bist ...!" – Jetzt wissen Sie Bescheid. Je kleiner man ist (oder sich fühlt), um so mehr hat man es nötig, auf den Putz zu hauen. Oft ist daher das jüngste Mitglied in der Familie am „trotzigsten" – zumindest in der Zeit, wenn es als Kleinkind das erste Mal um seine kleine Persönlichkeit kämpft.

Ein weiterer Aspekt dieses Alters: Es müssen noch die schon erwähnten ersten Lebensängste bewältigt werden! Sie äußern sich durch Schlaf- und Einschlafstörungen, durch wilde Träume und Phantasien von Monstern, Geistern und Füchsen, die nachts unter dem Bett lauern.

„In meinem Zimmer ist ein Monster-Krokodil!", weinend flüchtet Nico, zweieinhalb, ins Elternschlafzimmer. Wie reagieren? Meiner Erfahrung nach ist es nicht hilfreich, wie gelegentlich empfohlen, jetzt mit Nico gemeinsam das Krokodil zu packen, das Fenster zu öffnen und es hinauszuwerfen:

„So, jetzt ist es draußen und kann dir nichts mehr tun." Kinder in diesem Alter haben ein Weltbild, in dem sich Phantasie und Realität vermischen. Für Nico war wirklich ein Monster unter seinem Bett. Unterstützt man aber diese bedrohliche Phantasie, bekommt die Situation fast etwas Schizoides. Die Phantasiefigur wird noch ein ganzes Stück realistischer. Sie können sicher sein, daß am nächsten Abend das Krokodil bereits auf der Bettdecke sitzt und Sie die nächsten Nächte damit verbringen, exotische Monster aus Ihrer Wohnung im vierten Stock einer Großstadt zu entfernen.

Also besser: „Schätzlein –, ein Krokodil? – Komm, laß uns zusammen nachsehen (aktiv zuhören, ernstnehmen). Also, ich sehe keins (realistisch erklären). Das dort ist doch die Jogginghose, in der noch der Turnschuh steckt. Du hast recht, daß sieht wirklich aus wie ein Monster! (Das Kind im Arm halten.) In München gibt es auch gar keine Krokodile oder nur im Zoo. Und die sind ganz ganz fest eingesperrt. Die können niemals raus!– Aber manchmal gruselt man sich einfach, gell? Möchtest du heut mal bei uns weiterschlafen ...?"

Wenn man sehr müde ist, kann man auch einfach murmeln: „Komm unter meine Decke Nico, wenn du Angst hast. Ich glaube du täuschst dich – Krokodile können niemals bei uns in die Wohnung kommen ..."

Es ist also wichtig, die Angst, die Wahrnehmung sehr wohl ernstzunehmen, nicht aber die unbewältigbare, bedrohliche Phantasie.

4.7 Krisenzeit Pubertät – Wie die Alten sungen ...

Wenn Sie dieses Buch erst an die Hand bekommen, wenn Ihr Sohn, Ihre Tochter bereits in die Pubertät kommen, und Sie sich auch sonst noch nie mit hilfreicher Kommunikation in der Familie beschäftigt haben, wird es vielleicht jetzt besonders schwierig sein. Jugendliche reagieren meist extrem empfindlich auf jede Form von selbstwertmindernder Sprache. Sie hören fast ausschließlich auf der Beziehungsebene, reagieren manchmal wirklich aggressiv auf „Killer", Predigten, Kritik, Ratschläge, Nachforschen, Analysieren, usw. Auf Du-Botschaften knallen sie einem konkret oder bildlich gesprochen die Tür vor der Nase zu. Dies ist verständlich, wenn man sich klarmacht, daß sie in der Pubertät, der Phase, in der man bereits fast vollständig intellektuell ausgereift ist, in der man um geschlechtliche Identität ringt, ein erstes „Über-sich-selbst-Bewußtsein" entwickelt. Jedes noch so diffizile Niedergemacht-Werden erschüttert und provoziert 12- bis 18jährige bis in die Grundfesten. Man reagiert also mit einer Gegenprovokation. Das Schwierige dabei ist, daß man als Eltern es sehr häufig gar nicht bemerkt, was z. B. an dem Satz: „Du gehst erst weg, wenn du deine Hausaufgaben ordentlich gemacht hast, verstanden? Und ich will sie sehen!", anders verstanden werden kann als daß man unbedingt wichtig findet, daß die Hausaufgaben ordentlich erledigt sind, bevor die 15jährige sich zu ihrer Clique trollt (Sachebene). Sie hört höchstwahrscheinlich: „Sie kontrolliert mich, mißtraut mir und bestimmt schon wieder über mich!" Oder: „Sie befiehlt und hat Angst, daß ich mich nicht daran halten könnte!"

Partnerschaftlicher also und für die 15jährige selbstwertfördernder wäre z. B.: „Ich möchte bitte, daß du deine Hausaufgaben ordentlich erledigst, Marina (Wunsch). Ich mache mir Sorgen wegen des Englischen (Ich-Botschaft). Wenn du jetzt noch weg willst, möchte ich, daß du nach dem Abendessen noch arbeitest, okay?" (Mitbestimmen lassen.)

Leider haben Eltern oft keinen ganz objektiven Blick für das Selbstwertgefühl ihrer jugendlichen Kinder. Freches und motziges Auftreten darf man wirklich nicht mit sich gut und selbstsicher Fühlen verwechseln. Im Gegenteil.

Wenn es dann für Jugendliche in dieser schwierigen Zeit noch äußerliche Gründe gibt, die wütend oder traurig machen, bleibt nur ein aggressives Nach-außen-Dampf-Ablassen oder ein Sich-depressiv-auf-sich-alleine-Zurückziehen. Die Selbstmordstatistik bei Kindern und Jugendlichen spricht hier für sich. Solche äußerlichen Faktoren könnten sein: Trennung der Eltern, Abgelehntwerden von den Eltern, Schulschwierigkeiten, Probleme in Sozialkontakten und Ähnliches.

Deswegen bitte wirklich nie vergessen, daß Jugendliche, auch wenn sie aussehen wie Erwachsene und uns intellektuell nicht mehr wesentlich unterlegen sind, auch wenn sie sich oft unverschämt und rücksichtslos aufführen – doch noch Kinder sind! Dieselben Kinder, auf die wir früher so stolz waren, wenn sie einen Purzelbaum konnten, die wir innig geliebt haben, an deren Bett wir nächtelang bangend gesessen sind, mit Waschlappen kleine fieberheiße Stirnen gekühlt haben .... Sie brauchen uns seelisch noch einmal sehr intensiv. Sie brauchen unsere Klugheit, Sensibilität, Toleranz und Souveränität: ein letztes Mal in ihrer Entwicklung, bevor sie endgültig ihr eigenes Leben beginnen.

Was passiert zwischen Eltern und Kindern, wenn es in der Pubertät scheinbar keine Möglichkeit mehr gibt, emotionalen Kontakt zueinander zu halten? Vielleicht ist es eine beidseitige Angst vor der bevorstehenden Trennung? Oft läßt es sich jedenfalls sehr problematisch und dramatisch an.

Manchmal jedoch kapselt sich auch ein 13- bis 14jähriger nur zeitweise vom Familientalltag ab. Auf Fragen nach Schule, Freunden und Sport murmelt er nur muffig „läuft schon" und verschwindet wortlos in sein Zimmer. Probleme mit sich selbst sind in der Pubertät an der Tagesordnung. Nicht an allem sind die Eltern schuld. Und der Jugendliche möchte seine Schwierigkeiten häufig am liebsten mit sich selbst ausmachen. Es ist nicht sinnvoll, ihn dann zu bedrängen. Sie haben vielleicht Ärger mit einem Lehrer gehabt, Liebeskummer, sie entdecken ihre Sexualität und ihren sich verändernden Körper, vielleicht hat ein Freund sie enttäuscht. Manchmal gelingt es dem Vater bei pubertierenden

Söhnen wie Töchtern noch etwas besser als der Mutter, an das Kind heranzukommen. Gemeinsame Unternehmungen, Sport, Musik und Ähnliches eignen sich oft als Anlaß zu offenen Gesprächen.

Man kann andere Menschen nicht verändern. Sollte sich Ihr Kind wirklich völlig von Ihnen zurückziehen, bleibt nur die Frage: Was habe ich die letzten Jahre getan, oder was tue ich jetzt, daß sich der andere so verhält? Kommunikation ist immer ein interaktiver Prozeß!

Es geht also darum vorzubeugen: Ein Kind, das weiß, es wird liebevoll aufgenommen, wenn es etwas verbockt hat, wird auch in schwierigen Situationen zu den Eltern kommen, wenn es in irgendeinen Kontakt mit Drogen oder kriminellen Jugendlichen gerät. Je mehr man miteinander redet, desto größer die Chance, daß das Kind einem auch in der Pubertät nicht aus der Hand rutscht.

Sinnvoll ist es auch, sich als Eltern immer wieder mal zu fragen: Zu wem außer uns Eltern würde mein Kind gehen, wenn es ihm mal wirklich schlecht geht? (Vgl. Kapitel 5.4.) (Es gibt Probleme, die man auch bei einem guten Verhältnis zu Vater und Mutter nicht mit ihnen besprechen würde.) Wen aus unserem Verwandten- und Bekanntenkreis mag unser Sohn, unsere Tochter, wem würde er oder sie vertrauen? Wenn einem tatsächlich niemand einfällt, spürt man vielleicht doch, wie unendlich allein sich dieser psychisch und emotional unstabile junge Mensch fühlen muß. Und wie hilflos wütend ihn gleichzeitig seine (ökonomische) Abhängigkeit von den Eltern machen muß.

Glücklicherweise ist es aber nie zu spät, mit förderlicher, hilfreicher Kommunikation zu beginnen.

Zunächst: Man kann sich bemühen, nicht mehr um den Streitinhalt zu reden (die Sachebene), sondern bewußt über die Beziehungsebene. Immer wieder: Man muß als Vordringlichstes üben, ehrlich über die Beziehung zu reden. Das ist oft sehr schwer! Besonders dann, wenn sie schon recht belastet ist. Aber es ist eine gute Chance.

Wenn Sie immer „nur" über schlampige Kleidung, schlechte Noten in Englisch, zu spätes Nachhausekommen, zuwenig Mitarbeit im Haushalt schimpfen, wird sich nichts ändern. Auf den Tisch muß: Vor einigen Jahren warst du mein Ein und Alles! Du warst mir wichtiger als alle andere auf der Welt! Wie sieht es heute aus? Wie stehe ich zu dir? Welches Gefühl macht mir das? Z. B. „Ich habe große Schwierigkeiten, dich noch zu mögen, denn du machst mich hilflos, ich fühle mich überfordert und abgelehnt von dir. Es macht mich mißtrauisch und aggressiv, wie du mit mir umgehst. Letztlich bin ich wirklich tieftraurig und möchte, daß sich das wieder ändert. Du bist doch einer meiner wichtigsten Menschen in meinem Leben. Bitte laß uns versuchen, anders miteinander umzugehen. Es tut mir leid, wenn ich dich beleidigt oder verletzt habe. Bitte sag mir, ob du mich noch magst, was ich in deinen Augen falsch mache, was du dir anders wünscht?" Natürlich muß sich hierzu jeder seine eigenen Formulierungen überlegen und sie natürlich auch dosieren!

Vielleicht wird Ihr Kind zunächst ablehnend oder irritiert reagieren. Vielleicht wird es sogar frech antworten, z.B: „Was soll denn dieser Psychoquatsch?" Oder gar: „Is' mir doch egal, wenn es dir schlecht geht ..." Bleiben Sie ruhig, und überlegen Sie: Was muß alles ungeschickt und für das Kind schmerzhaft gelaufen sein, daß es es nötig hat, mich dermaßen verletzen zu wollen. Bleiben Sie dennoch dran. Wenn Sie sich einen Spickzettel für das Gespräch schreiben würden, müßte jetzt da stehen: Auf die Selbstdarstellungsebene reagieren (tiefer Ärger), Ich-Botschaften. Und: Zuhören, Zuhören, Zuhören! Nur Spiegeln und Doppeln, keine Killer, ein wenig in seiner Sprache sprechen. Das könnte sich vielleicht so anhören:

„Vielleicht klingt es für dich wie Psychoquatsch, Conny, aber mir geht es auch psychomäßig nicht gut. Ich hab das Gefühl, daß du einfach furchtbar wütend auf mich bist und hab mir überlegt (mit jemand gesprochen, etwas gelesen), daß wir beide lernen müssen, vielleicht besonders ich, anders miteinander umzugehen! Du bist für mich wahnsinnig wichtig, und ich möchte, daß wir uns wieder vertrauen lernen. Dazu brauch ich aber deine Hilfe. Wenn du jetzt nicht reden möchtest, überleg es dir und laß uns irgendwann anders reden ..." Oder: „Das klingt, als ob du unglaublich wütend auf mich bist, Julia. Bitte laß uns darüber reden. Es tut mir leid, wenn ich dir weh getan habe, und ich möchte, daß wir darüber sprechen. Ich möchte, daß wir uns wieder vertrauen ..." Auch wenn es jetzt sehr schwierig und selbst „entblößend" klingt, sie werden erleben, daß Sie sich souveräner fühlen als bei allem Gequengel über unaufgeräumte Zimmer oder mißachtete Heimkomm-Zeiten. Sie können sicher sein, daß spätestens beim zweiten oder dritten Gesprächsangebot dieser Art Ihr Kind zugänglicher wird. Und Sie werden erleben, daß auch Ihnen kein Zacken aus der Krone fällt, wenn Sie Ihre Hilflosigkeit und Traurigkeit zugeben. Im Gegenteil, viele Mütter beschreiben, daß Sie das erste Mal das Gefühl hatten, „richtig" und stark zu sprechen, sinnvoller als wenn man den anderen beschimpft, beschuldigt und niedermacht.

Mit Jugendlichen also viel:
- über die Beziehung sprechen und auf die Selbstdarstellung, also auf das dahinter stehende Gefühl reagieren;
- zuhören statt Killer verwenden; den Mund halten, nichts von sich selbst aus sagen, nicht gleich mit Tips, Analysen, Vorschlägen aufwarten;
- in jedem Fall in Ich-Botschaften sprechen;
- freundlich aber klar und eindeutig reden;
- loben, niemals ohne zu erklären, weshalb man etwas gut findet oder sich freut;
- das größte Lob für Kinder und Jugendliche ist immer: „Ich bin so irre stolz auf dich ..." Und überlegen Sie mal, gibt es nicht einiges, auf das Sie wirklich stolz sein können?

– in ihrer Sprache sprechen, ohne sich dadurch anzubiedern;
– klug und klar und rechtzeitig Ihre Toleranzgrenzen setzen.

Wenn Sie sonst noch etwas tun wollen, ergänzen Sie konstruktive Gesprächsführung mit kleinen Überraschungen und liebevollen Gesten (natürlich ohne Gegenleistungen zu erwarten!). Bringen Sie eine heißersehnte CD mit, kochen Sie das Lieblingsessen wieder öfter, überraschen Sie Ihre Tochter mit Konzertkarten für sie und ihre Freundin, oder spendieren Sie ihr einen Friseurbesuch bei einem wirklich guten Modefriseur, der die grün-blau-gesträhnten Haare wirklich super schick (mega-geil) stylt, lassen Sie sich das neue Internetsystem und das Wesen von Techno-Musik erklären. Und vielleicht schenken Sie Ihrem Sohn (pädagogisch natürlich völlig falsch!) das heißersehnte Computerspiel für eine Zwei in Mathe, auch wenn es aus Versehen eine Vierminus geworden ist. Als Trost, als Motivation zur Besserung und einfach – weil Sie ihn doch lieb haben! Jugendliche brauchen bei allen Abgrenzungsbestrebungen auch Ihre Zuneigung und Solidarität. Denken Sie immer daran, man „folgt" (im Sinne von sich anschließen) nur dem, von dem man sich geliebt und respektiert fühlt.

Denken Sie an sich selbst: Wenn Sie wissen, daß Ihr Chef Sie schätzt, viel von Ihnen hält, Sie emotional mag, vielleicht Sie sogar ein wenig verehrt, würden Sie (fast) alles für ihn tun. Keine Überstunde und kein Streß wäre Ihnen zuviel. Behandelt er Sie jedoch geringschätzig, abwertend, mißtrauisch, unhöflich, werden auch Sie sich auf das Nötigste beschränken, ja vielleicht sogar versuchen, ihn hier und da zu hintergehen.

Und: wie die Alten sungen – so zwitschern auch die Jungen: Wenn die Eltern unhöflich und provokant kommunizieren, kann niemand erwarten, daß ausgerechnet Teenies sich freundlich, kooperativ und fröhlich verhalten.

5. Wie man heikle Themen bespricht

5.1 Von „Nikolausi“ und „Osterhasi“

Rund um die Figuren, die unsere großen Feste begleiten, entstehen häufig Fragen, weil man das Kind in gewisser Weise anlügt, wenn man beispielsweise erzählt, es gäbe einen Osterhasen, der zudem noch auf völlig exotische Weise Eier legt. Der Nikolaus, der jedes Jahr mit einem Schlitten und einem Schimmel oder Esel vom Himmel herunterfährt, ist ebenso eine Lüge wie das Christkind und die Engelein, die das Piratenschiff oder das Barbiehaus unter den Weihnachtsbaum legen.

Dazu läßt sich zunächst bemerken: Kinder wollen in diesen Fällen angeschwindelt werden! Die Figuren passen genau in das magische Weltbild der Zwei- bis Siebenjährigen. Die Kinder lieben in diesem Alter magische und zauberhafte Erklärungen. Sie glauben fest an märchenhafte Gestalten, die ihnen auf geheimnisvolle und magische Weise die Welt erklären helfen.

Trotzdem sollte man Formulierungen verwenden, die dem Sachverhalt gerecht werden und der kindlichen Phantasie genügend Raum lassen, und zwar solange, wie die Kinder an die Figuren glauben möchten. Dabei kann es sich als hilfreich erweisen, den christlich-religiösen Hintergrund (vielleicht im Einklang mit dem eigenen Weltbild) entsprechend zu nutzen. Schließlich ist unsere gesamte mitteleuropäische Kultur darauf aufgebaut.

Z. B. können Sie die Nikolaus-Legende erzählen und dann anfügen: „Als Erinnerung an diesen freundlichen Mann feiern wir ihn jedes Jahr. Dann kommt ein Nikolaus zu den Kindern oder in den Kindergarten und bringt ihnen Süßigkeiten und kleine Geschenke mit. Auch die vielen Schokoladennikoläuse in den Geschäften macht man zu seiner Erinnerung."

Zu Weihnachten könnte sich folgender Dialog entspinnen:
Marlies (fünf Jahre): „Mama/Papa, gibt's das Christkind eigentlich in echt?"
Elternteil: „Natürlich gibt es das Christkind in echt. Es ist das Baby Jesus, der Sohn von Gott und der Maria. Es ist in einem Stall geboren worden. Jedes Jahr an Weihnachten feiern wir seinen Geburtstag. Wir bauen die Krippe auf, schmücken alles; es gibt Geschenke, und alle freuen sich. Denn das Christkind kommt jedes Jahr wieder in unser Herz und in unser Haus."
Marlies: „Bringt es dann auch die Geschenke mit?"
Elternteil: „Eigentlich ja, denn sie kommen von Herzen."
Marlies: „Stimmt es, daß die Englein im Himmel die Geschenke basteln?"
Elternteil: „Vielleicht/Das könnte sein. Es ist jedenfalls eine schöne Vorstellung, nicht wahr. Es gibt viele Dinge, die weiß man nicht ganz genau, die kann man sich nur vorstellen oder glauben oder sich wünschen."

Oder an Ostern fragt das Kind: „Mami, kommt da wirklich ein Hase, der die Ostereier bringt?"
Mutter: „So spielen und feiern wir jedenfalls das Osterfest."
Kind: „Hast du den Osterhasen schon mal gesehen?"
Mutter: „Ich habe schon viele Hasen gesehen. Ob der Osterhase selbst dabei war, weiß ich nicht genau."
Kind: „Warum versteckt er die Eier?"
Mutter: „Weil es Spaß macht, sie zu suchen und man sich dabei genau den Garten anschauen muß, in dem jetzt alles zu wachsen und zu blühen beginnt."

5.2 Wenn sich ein neues Baby ankündigt

Hierbei ist entscheidend, daß man das ältere Kind, das vielleicht auch erst zweieinhalb Jahre alt ist, auf die neue Situation vorbereitet und speziell darauf, daß es in Zukunft das Wichtigste auf der Welt, nämlich die *Menge* an Zuwendung seiner Eltern, nicht jedoch die Intensität der Liebe teilen muß!

Wie kann eine solche Vorbereitung sinnvoll aussehen?

1. Erzählen Sie nicht zu früh vom neuen Baby. Je kleiner das Kind ist, um so später sollten Sie es ihm sagen. Neun Monate sind ein völlig unübersehbarer Zeitraum für kleine Kinder. Einem Zweijährigen können Sie von der Schwangerschaft im siebten oder achten Monat erzählen: „Ich möchte dir gerne was Schönes erzählen, Hannes. Wir bekommen, wenn es Sommer ist und wir wieder das Planschbecken im Garten aufbauen, noch ein kleines Baby. Es wächst in meinem Bauch. Schau, wie groß der schon ist usw." Der Hinweis auf das Planschbecken (oder etwas Vergleichbares) hilft dem Kind, sich zeitlich zu orientieren. Mit der Zeitangabe „Sommer" allein kann das Kind noch nichts anfangen.

2. Vermeiden Sie in jedem Fall, mit dem neuen Kind in irgendeiner Weise zu drohen – „Warte nur, dann wirst du schon lernen müssen, dich selber zu beschäftigen" – oder das neue Kind zu idealisieren: „Es wird so schön werden, wenn das Baby da ist. Dann hast du immer jemanden zum Spielen!" Sagen Sie lieber gelegentlich: „Es wird vielleicht manchmal ganz schön mühsam sein mit dem Baby. Es weint oft und macht viel Arbeit. Aber vielleicht hast du Lust, mir dabei etwas zu helfen. Wir beide werden das schon schaffen!"

3. Schauen Sie sich mit Ihrem „Großen" Babys bei anderen Familien an, damit es eine realistische Vorstellung entwickeln kann.

4. Beteiligen Sie Ihr Kind beim Herrichten der Babysachen, soweit die Möglichkeit besteht. Fragen Sie es, was von seinen Kleidern, Spielsachen das Baby haben darf.

5. Versuchen Sie sein Interesse für das Baby zu wecken. Man kann dem Kind z. B. die alten Fotos aus dem Kreißsaal oder die Bilder vom Stillen zeigen. Sie können kindgerecht von seiner Geburt berichten (bei Kindern ab zweieinhalb Jahren); vermeiden Sie es, ihm davon zu erzählen, wenn die erste Geburt sehr schlimm für sie war. Auch eigene „Babygeschichten" bieten sich dafür an.

6. Viele Kinder bewältigen die neue, vielleicht bedrohliche Situation „Unsere Familie zu viert" durch immer wiederkehrende Rollenspiele mit kleinen Figuren oder Puppen. Dreijährigen, die schon gut erste „Kopffüßler"-Menschen malen können, gelingt die Einstellung auf die neue Familienkonstellation oft durch das Malen vieler Bilder mit dem Thema „Unsere Familie zu viert in unserem Haus".

Seien Sie nicht enttäuscht, wenn das Kind auf die freundliche Frage der Tante: „Na Lotte, freust du dich denn auf dein Geschwisterchen?" mit einer nachdenklichen oder gar mürrischen, aber ehrlichen Antwort: „Ich glaube nicht besonders" reagiert. Es wird dann in der Realität weniger wütend und enttäuscht sein.

7. Achten Sie darauf, das „Große" – besonders auch dann, wenn es clever und sprachlich gewandt ist – nicht zu überfordern: etwa mit all dem, was es jetzt schon alles können und machen soll. Es ist auch mit zweieinhalb oder drei Jahren noch ein Kleinkind. Wenn es dies sein darf, braucht es durch sein Verhalten nicht provokant zu zeigen: „Hey, ich bin auch noch ein Baby!"

8. Der wichtigste Punkt ist, daß man dem Kind jetzt und später, wenn das Geschwisterchen geboren ist, so oft wie möglich seine Liebe zeigt, auch wenn es sich zeitweise unerträglich benimmt. Es muß spüren, daß das Baby ihm zwar ein wenig Zeit von den Eltern wegnimmt, aber nicht ihre Liebe, d. h. daß sich die Zuwendung in der Quantität, nicht aber in der Qualität verändert.

5.3 Wir wollen uns trennen: Wie sagen wir es den Kindern?

Es ist eine der größten Hürden beim Bruch der Ehe oder der Partnerbeziehung, den eigenen Kindern den Trennungsentschluß mitzuteilen. Fast immer ahnen sie schon die Trennung und nehmen sie früher wahr als Erwachsene. Mit feinen Antennen spüren sie, was zwischen den Eltern auf emotionaler Ebene abläuft.

Sie sollten Ihren Kindern in einem Gespräch unbedingt folgendes mitteilen:

- „Auch wir sind traurig, beschämt, enttäuscht. Wir haben ein schlechtes Gewissen; es fällt uns schwer." (Ich-Botschaften)
- „Wir beide lieben dich/euch!"
- „Unsere Trennung hat nicht das Geringste mit euch Kindern zu tun."
- „Wir wissen, daß es auch für euch nicht leicht sein wird."
- „Ihr verliert keinen von uns, wir werden beide weiterhin für euch da sein."

Des weiteren sollte man versuchen, laute, hektische, unfaire Streitgespräche nicht vor den Kindern zu führen. Solche Auseinandersetzungen sind für sie schwer zu ertragen und machen ihnen sehr große Angst.

Ungefähr mit Kindern ab vier Jahren kann und soll man ein geplantes Gespräch führen. Daran sollten möglichst beide Elternteile teilnehmen. Man könnte sich vorher überlegen, wer was sagt. Beide sollten sich mit den Kindern zu einer liebevollen Situation (auf dem Sofa, auf dem Schoß) zusammensetzen.

Weitere Punkte wären zu beachten:

1. Metakommunikation
2. Ich-Botschaft, eigene Befindlichkeit
3. die Information auf den Tisch bringen ohne lange Einleitungen

4. den Grund der Trennung nennen
5. ganz explizit die Unschuld der Kinder beteuern
6. die Frage „Wie wird es weitergehen?“ darstellen
7. die Versicherung „Wir sind beide weiter für euch da!“
8. mögliche Gefühlsausbrüche einkalkulieren und zulassen
9. gegebenenfalls nochmals eigene Gefühle äußern
10. gegebenenfalls einen Wunsch formulieren.

Natürlich muß hierzu jeder seine eigenen Worte finden.

Vergleichen Sie aber folgendes Beispiel, wie ein solches Gespräch konstruktiv ablaufen könnte:

Mutter: „Wir müssen mit euch etwas besprechen (1.); es fällt mir selber sehr schwer, und ich bin auch unglaublich traurig, aber es geht nicht anders (2.). Der Papi und ich möchten zur Zeit nicht zusammen wohnen (3.). Wir können uns einfach nicht verstehen (4.). Ihr habt es ja schon gemerkt, wir streiten uns viel.“

Vater: „Uns ist sehr wichtig, daß ihr wißt: Es liegt ganz bestimmt nicht an euch (5.). Das ist nur etwas zwischen Mami und mir! Wir kommen einfach gerade nicht klar miteinander (6.). Ich werde nächste Woche ausziehen, und ihr werdet weiter hier wohnen bleiben, bei der Mami. Immer wenn ihr wollt, kommt ihr zu mir und übernachtet bei mir (7.). Wenn ihr Probleme habt, könnt ihr euch wie jetzt aussuchen, mit wem ihr darüber sprechen wollt. Wir sind immer beide für euch da!“

Die Kinder werden jetzt entweder ganz still und in sich gezogen reagieren oder laut schreien, weinen, schimpfen, auf Sie einzuschlagen versuchen oder rauslaufen – je nach Temperament.

Es ist wirklich wichtig, daß man die Wut zuläßt (8.), daß man nicht nachbohrt („Wie ist das jetzt für dich?“), wenn das Kind sich zurückzieht, daß man nicht schimpft oder bestraft, wenn aggressives Geschrei ausbricht (9.). Sie können sagen: „Ich verstehe dich total. Auch wenn's schwerfällt, ihr müßt uns jetzt bitte helfen, bis sich alles eingespielt hat." Sie können stumm nicken, selbst weinen oder nochmals erklären, daß Sie traurig, sauer, hilflos sind und sich vor der Zukunft fürchten. Wenn es das Kind mag, kann man es in den Arm nehmen, zusammen schweigen.

Natürlich kann ein derartiges Gespräch unter Umständen auch von einem Elternteil geführt werden.

Man weiß heute, daß Kinder, bei denen sich die Eltern um eine „sanfte" (positive, einvernehmliche) Scheidung bemüht haben, in keiner Weise geschädigt sein müssen und die Trennung nach einiger Zeit gut verarbeiten.

5.4 Die Sache mit dem „bösen Onkel"

Ein immer häufiger diskutiertes Thema ist die Frage, wie warnt man sein Kind vor Entführungen und sexuellem Mißbrauch, ohne ihm Angst einzujagen?

Als erstes möchte ich festhalten: Ein gewisses Maß an Vorsicht und Kritikfähigkeit hat noch keinem Menschen geschadet! Angst ist auch ein Zeichen von Intelligenz! Vor nichts Angst zu haben wäre töricht, weil man jegliche Vorsicht über Bord werfen würde. Wenn man bei diesem Problem gleichzeitig zeigt, wie man sich schützen kann, lernen Kinder, mit ihrer Angst umzugehen.

Am einfachsten dürfte es sein, den Kindern zu erklären, daß sie nicht mit Fremden mitgehen dürfen. Bereits mit Vier- und Fünfjährigen, die gelegentlich allein im Garten, im Park, bei anderen Leuten oder auf dem Spielplatz sind, kann man verschiedene Punkte besprechen:

1. Sie können dem Kind einschärfen: Sie möchten nicht, daß es mit fremden Leuten mitgeht oder in ein fremdes Auto einsteigt, auch wenn der Fremde um Hilfe bittet oder anbietet, es heimzufahren. Dabei können Sie betonen, daß es auch nicht bei Bekannten mitgehen bzw. mitfahren soll, wenn es

vorher nicht ausgemacht wurde. (Motto: „Ich will immer wissen, wo und bei wem du bist.")

2. Beispielsweise anhand eines Zeitungsberichts kann man seinem Kind erklären, daß es Menschen gibt, die Kinder entführen („stehlen"): „Diese Leute nehmen die Kinder einfach mit oder versprechen ihnen irgend etwas. Dann rufen sie bei den Eltern an und wollen ganz viel Geld, damit sie das Kind wieder zurückgeben."

Oder Sie klären Ihr Kind über Sexualtäter auf, indem Sie sagen: „Manche Menschen sind ein bißchen krank oder verrückt. Es gibt wirklich Erwachsene, denen es Spaß macht, Kindern weh zu tun. Sie halten sie vielleicht fest, bedrängen sie, ziehen sie aus oder wollen mit ihnen schmusen. Eklig nicht?"

3. Prägen Sie dem Kind ein: „Sag immer: ‚Da muß ich erst meine Mami fragen', wenn dir jemand etwas schenken will, einfach so, oder dich einlädt."

4. Klären Sie auf: „Ein Mann, der so etwas macht, sieht nicht böse aus, so wie der Räuber Hotzenplotz. Diese Leute sehen ganz normal aus und sind meist sehr freundlich, so wie der Wolf in ‚Der Wolf und die sieben Geißlein' oder ‚Rotkäppchen'."

5. Vermitteln Sie Ihrem Kind: „Laß dich nicht von fremden Leuten anfassen oder streicheln, auch wenn du sie ein bißchen kennst! Sag ganz klar: ‚Nein, laß das! Ich will das nicht!' Lauf weg! Wenn dir mal so etwas Seltsames passiert, daß ein Erwachsener etwas Ungewöhnliches von dir will, dann erzähl' es mir oder dem Papa! Wir werden bestimmt nicht schimpfen."

6. Meiner Meinung nach ist es unsinnig, Kinder vor dem achten oder neunten Lebensjahr vor sexuellem Mißbrauch zu warnen, indem man den genauen sexuellen Vorgang beschreibt: „Der zwingt dich vielleicht, dich auszuziehen, seinen Penis zu streicheln oder in den Mund zu nehmen." Je nach Kind und Formulierung verbreitet man große Angst oder erweckt Neugierde. Es kann auch sein, daß diese Beschrei-

bung gar nicht oder völlig falsch verstanden wird. Sexualität hat für Kinder eine ganz andere Erlebnisqualität. Solche perversen Lusterlebnisse können von Kinder in keiner Weise nachvollzogen werden: Sie verstehen nicht, was daran für den Erwachsenen lustvoll und für das Kind besonders unangenehm sein soll.

Kinder im Schulalter, die bei der Polizei von sexuellen Übergriffen berichten sollen, sind meistens nicht in der Lage, den sexuellen Aspekt des Geschehens verständlich zu formulieren. Sie sprechen von Wehtun, Festhalten, Drücken, Drängen usw.

Bei sexuellen Übergriffen in der Familie oder im Bekanntenkreis ist die Aufklärung viel schwieriger. Ich möchte dazu zwei Aspekte herausgreifen:

1. Jedes Kind muß lernen, bei körperlichen Übergriffen jeder Art „nein" zu sagen. Darauf sollte der Erwachsene schon im Alltag achten. Er sollte das Kind zur Selbstbestimmung auffordern und es dabei unterstützen, und zwar nach dem Motto: „Über meinen Körper bestimme ich selbst." Dies gilt bereits für banale Dinge: das Abduschen ohne Nachfrage, das Drängen ins Wasser, das Fiebermessen im Po, wenn es das Kind absolut nicht möchte (wahrscheinlich zwischen eineinhalb und vier Jahren). Weiter gehört dazu: das Kind zum Essen zu zwingen oder es gegen seinen Willen abzuknutschen. Ein solches Vorgehen ist nicht nur respektlos, sondern vermittelt dem Kind, daß die Erwachsenen seinen Körper nach Gutdünken behandeln dürfen.

2. Sorgen Sie dafür, das Vertrauen Ihres Kindes nicht zu mißbrauchen! Vergegenwärtigen Sie sich: Würde es zu Ihnen kommen, wenn ihm etwas derart Schreckliches geschehen ist? Fragen Sie sich bitte einmal ehrlich, welchen Themenbereich würde Ihnen Ihr Kind verschweigen? Wenn das Kind z.B. die Phantasie hat, daß Sie mit einem Problem gar nicht umgehen können, wird es Ihnen wahrscheinlich nichts erzählen: etwa dann, wenn der eigene Vater es sexuell mißhan-

delt oder wenn es schon sehr früh sexuelle Kontakte zu Gleichaltrigen aufnimmt. Gerade in der beginnenden Pubertät ist es wichtig, daß Ihre Beziehung mit dem Kind stimmt, daß man gegenseitiges Vertrauen hat.

Darum kann man sich (nochmals) folgende Frage stellen: Wenn das Kind nicht zu Ihnen kommen möchte, zu welchem Erwachsenen könnte es dann gehen? Jugendliche, die aus Leichtsinn in irgendwelche Probleme verstrickt sind, berichten häufig: Schlimmer als das unerfreuliche und schlimme Erlebnis sei die Erfahrung, daß es niemanden auf der Welt gibt, mit dem man darüber sprechen kann.

Dazu ein guter Tip: Suchen Sie sich von früher Kindheit an einen anderen Erwachsenen (eine Freundin, eine Tante, einen Lehrer, den Patenonkel bzw. die Patentante), zu dem ein gegenseitiges Vertrauens- und Sympathieverhältnis besteht. Bei dieser Person könnte sich das Kind aussprechen, ausweinen, helfen lassen, wenn es einmal ein Problem hat, mit dem es wahrscheinlich – trotz aller Liebe – nicht zu den eigenen Eltern gehen mag. Sie können das folgendermaßen vermitteln: „Wenn du mit mir nicht darüber sprechen möchtest, du weißt, zur Claudia, zu Onkel Hannes kannst du immer gehen."

5.5 Gespräche über Horrormeldungen und Gewalt

„Baby in Mülltonne erstickt ..." buchstabiert Antonia (sieben Jahre) noch etwas ungelenk, als wir eines Tages an einer roten Ampel wartend neben den Kästen mit Tageszeitungen stehen. „Wie kommt denn das Baby in eine Mülltonne, Mami?" fragt sie arglos. „Das kann sich doch noch gar nicht verstecken, und aus Versehen kann es ja auch nicht reingefallen sein ... ich mein', so was merkt man doch, oder!?"

Völlig außerhalb Ihres Vorstellungsvermögens liegt es, daß es Eltern geben könnte, die ihre Kinder nicht haben wollen, ihnen Gewalt antun, sie töten. Ich schlucke einmal und verkneife es mir, ihre Frage mit einem kurzen „Ich versteh' es auch nicht ..." – was zwar der Wahrheit entsprechen würde – abzutun. Ich erkläre ihr, daß Menschen manchmal in so einer verzweifelten Lage sind, daß es ihnen so schlecht geht, daß sie durchdrehen. Sie wissen dann selbst nicht mehr genau, was sie eigentlich machen und tun dann in einem verzweifelten Moment schreckliche Dinge. „Vielleicht wollte und konnte die Mutter das Kind auf keinen Fall bei sich haben, vielleicht hat sie sich auch gedacht, daß es jemand findet und wieder herausholt und es aufzieht ..." Ich erkläre ihr weiter, daß es immer wieder mal vorkommt, daß sich Menschen auch innerhalb einer Familie gegenseitig Gewalt antun oder sogar umbringen. Aber daß dies natürlich eine ganz große Ausnahme ist und bei uns niemals passieren könnte. Kinder denken pragmatisch: „Du würdest uns also niemals umbringen?"

„Schätzlein! Du bist doch mein Allerliebstes! Nie, nie, niemals!"

„Auch den Papa nicht?" „Antonia, ich würde überhaupt niemals irgend jemanden umbringen!" Sie ist für den Moment wieder beruhigt.

Nachrichten über Eltern, die ihre Kinder mißhandeln oder töten, beinhalten natürlich eine besonders beängstigende Botschaft: Man ist nirgendwo auf dieser Welt sicher und in gewisser Weise ganz allein.

Trotzdem kann man nicht verhindern, daß spätestens Schulkinder die Schattenseiten und Abgründe des menschlichen Daseins mitbekommen. Die Medien, die ja Kindern jeden Alters frei zugänglich sind, leben von Horror- und Grauengeschichten. Morde, Unfälle, Not, Krankheiten, Umweltverschmutzungen, Kriege und Gewalt in verschiedensten Formen flimmern zu allen Tageszeiten über die TV-Mattscheibe und eignen sich als Fettdrucküberschriften hervorragend als Leseübung für die ABC-Schützen. Man kann nicht alles verstecken, fernhalten, die Nachrichten abschalten. Und es ist auch nicht sinnvoll, alles Schlimme zu bagatellisieren.

Spätestens mit neun und zehn Jahren interessieren sich Kinder sowieso für das politische und soziale Zeitgeschehen. Wichtig dabei ist, daß man das Gespräch darüber mit ihnen sucht, ihnen nicht nur die blanke, oft übertriebene, unobjektive Medieninformation überläßt. So können Eltern Ängste, jedenfalls übertriebene Ängste vermeiden.

Bei solchen Gesprächen achten Sie bitte auf folgendes:

1. Geben Sie Hintergrundinformationen. Also z.B. erklären: Weshalb kann oder könnte das passiert sein? Diese Informationen sollten politisch- und sozialkritisch, aber auch menschlich sein. Im Grunde genommen geht es dabei wie bei philosophischen Gesprächen (Kapitel 6.1) um die tieferen Gründe des menschlichen Wesens: daß man in extremen Situationen zu extremen Handlungen getrieben werden kann. Keine Sorge, Schulkinder können das nachfühlen. Sie alle haben in ihrer eigenen Seele schon solche Abgründe kennengelernt. Sie haben unermeßliche Wut und Verzweiflung gespürt, sie haben Angst, Trauer, Überlegenheit und Schadenfreude kennengelernt. Viele haben erlebt, daß sie anderen schon mal den Tod gewünscht haben. Man kann also durchaus thematisieren, daß manche Menschen, wenn sie durchdrehen, nicht gelernt haben, Konflikte anders als mit Gewalt gegen sich oder andere zu lösen. Man kann über die Bedeutung von Macht sprechen und darüber, daß es sehr häufig materielle oder ökonomische Ursachen sind, die Gewalttaten hervorrufen. Sicherlich sollte man auch erwähnen, daß in gewisser Weise eine Krankheit vorliegen kann (etwa eine Psychose), wenn Menschen gewalttätig werden oder gar morden.

2. Aus diesen Hintergrundinformationen kann man dann aufzeigen, warum bei uns, in unserer Familie, so etwas nicht passieren kann. Oder was wir alle gesellschaftlich tun können, um Gewaltgefahren zu verringern.

Man könnte z.B. auch über verschiedene Formen von Aggression und Ärger sprechen. Man kann zeigen, daß es so etwas wie eine Wut-Ausdrucksleiter gibt, die immer stärker und immer bedrohlicher wird: Ganz unten steht das ernste Sprechen, dann kommt Schimpfen, Schreien, schließlich Schlagen und andere Strafen bis hin zu schlimmen Mißhandlungen und letztlich zum Töten. Dann kann man fragen, was für das Kind die schlimmste, bedrohlichste Situation war, die man miteinander hatte. Dann wird dem Kind sehr deutlich werden, wie weit entfernt es sich von der Gefahr der Mißhandlungen befindet.

Besonders ängstigend sind natürlich auch die verschiedenen Horrormeldungen, die außerhalb des familiären Einflusses liegen. Schulkinder beginnen in diesem Alter die endgültige Bedeutung des Todes zu begreifen. Auch ohne Schreckensmeldungen haben viele acht- und neunjährige oft Angst, daß ihnen oder ihren Eltern etwas zustoßen könnte.

Und sie wissen natürlich auch, daß die Familie nicht vor allem schützen kann. Unfälle, Krankheiten, Kriege liegen außerhalb der Kontrolle des einzelnen. Auch wenn es für alle Beteiligten zunächst bedrohlich erscheint, sollte man das Gespräch auch darüber mit den Kindern suchen. Durch Diskussionen und Fragen, auf die keiner auf Anhieb eine eindeutige Antwort weiß, entsteht ein wirklicher, in gewisser Weise gleichberechtigter Dialog. Nutzen Sie die Chance dazu.

Es ist wichtig zu vermitteln bzw. gemeinsam zu überlegen, wie man sich selbst und die Familie vor dem einen oder anderen Schrecken schützen kann: Was können wir tun, damit das mir, uns in der Familie, und/oder unserer Gesellschaft nicht passiert? Kinder haben oft erstaunliche und konstruktive Ideen! Man kann also auch grundsätzliche Themen auf den Tisch bringen, z. B.: Wie gehen wir mit Aggressionen um? Von dieser abstrakten Ebene geht's in die konkrete: Wir reden (oder auch schreien) miteinander, wenn wir uns geärgert haben.

Wie können wir versuchen, gesund zu leben? Wir entschließen uns, nicht in Länder zu reisen, in denen es gefährlich ist. Wir beteiligen uns nach unseren Möglichkeiten am Umweltschutz. Wir engagieren uns politisch: in der Gemeinde, in der Schule, in der Firma. Wir verschaffen uns so viele Informationen wie möglich über das, was uns bedroht, usw. usw. Gemeinsame Überlegungen, wie man Gefahren vermeiden oder mindern kann, wirken angstmindernd und stärken das Selbstbewußtsein. Außerdem besteht bei solchen Gesprächen die Möglichkeit, den eigenen Kindern persönliche Werte und Grundeinstellungen zu vermitteln. Das ist die Chance, gemeinsam mit den Kindern und von ihnen zu lernen. Es ist klug, solche Diskussionen in der Vorpubertät nicht zu versäumen, denn Grundschüler glauben ihren Eltern meist noch gerne auf der Inhaltsebene all das, was der Pubertierende natürlich in Frage stellen muß. Es macht also wenig Sinn zu versuchen, Kinder von den dunklen Seiten des menschlichen Lebens abzuschotten. Wichtiger für junge Menschen ist es, mit den Eltern gemeinsam Wege zu überlegen, wie man damit umgehen kann. Das können winzige Schritte sein, konkrete Vorstellungen darüber, wie man sich bei Streitereien verhält, wie man gesünder lebt oder auch wie man Müll vermeidet. Kinder sind kreativ – wenn man sie läßt.

6. Weitere wichtige Gespräche

6.1 Philosophieren mit Kindern: die Welt und das Leben erklären

Unter Philosophie wird „die Liebe zur Weisheit" oder die Lehre über die Weltanschauungen, das Leben, die Dinge des Lebens, den Lebenssinn und den Tod verstanden. Deshalb dürfte der Titel für viele eine Übertreibung bedeuten, wenn es bloß um das Geplauder mit Kindern geht. Dabei übersieht man leicht, daß gerade kleine Kinder, die noch nicht abstrakt und logisch zu denken vermögen und noch zu wenig theoretisches Wissen und Erfahrung gesammelt haben, unglaublich interessante, kreative Gedanken und Vorstellungen zu religiösen und esoterischen Themen sowie dem Sinn des Lebens entwickeln.

Besonders in der Entwicklungszeit des magischen Weltbildes, also im dritten bis sechsten Lebensjahr, denken Kinder in geradezu fantastisch anmutenden Kategorien. Sehr interessant sind z.B. die Überlegungen, die Kinder sich in diesem Alter zum Thema Tod machen: „Wenn du mal gestorben bist, dann gieße ich dich nicht!" drohte der fünfjährige Hannes einmal seiner Mutter, als er sich heftig über sie geärgert hatte. Seine Familie ging häufig zu den Gräbern der Großeltern. Alle pflegten und gossen dort die reichliche Blumenbepflanzung. Die Mutter erzählte: „Dies war immer schon einer seiner liebsten Beschäftigungen." Jetzt war ihr klar, was sich ihr Sohn in seinem Köpfchen zurechtgelegt hatte: Wenn man tot ist, wird man in die Erde gelegt, und es wachsen Blumen aus einem heraus. Man kommt also in Form von Blumen wieder in die Welt zurück – vorausgesetzt, man wird regelmäßig gegossen.

Manche Kinder haben auch von sich aus und unbeeinflußt von Erwachsenen das Gefühl, schon einmal gelebt zu haben und können dies auch formulieren.

Wenn man als Erwachsener ein wenig Bereitschaft zeigt, ernsthaft zuzuhören, was kleine Kinder häufig für Lebensweisheiten und philosophische Gedanken aussprechen, dann spürt man bald, daß auf dieser Ebene interessante Gesprächsmöglichkeiten liegen. Man sollte sie, wenn immer möglich, nutzen. Es müssen nicht immer Gespräche über Religion, Gott oder den Tod sein. Auch sinnstiftende Gedanken, die das ganz normale Alltagsleben betreffen, eignen sich dazu. Kinder formulieren solche Überlegungen meistens unvermittelt, so daß es auf das Gesprächsgeschick und die Sensibilität der Eltern ankommt, eine kleine Unterhaltung daraus zu machen.

Im folgenden finden Sie ein paar Bespiele von kindlichen Äußerungen, die Sie für ein intensives Gespräch nutzen könnten:

Lukas (fünf Jahre): „Mama, wie kann den nichts sein – und dann auf einmal etwas da sein?"

Mutter: „Hm, schwierige Frage ..."

Lukas: „Ich weiß es, schau!" Er zeigt seine Faust: „Hier ist eine Kugel – und jetzt ..." er streckt alle Finger aus, „ist da die Kugel und noch was."

Alexander (drei Jahre): „Gell Papi, der Mond ist die Sonne von der Nacht."

Katrin (fünf Jahre): „Freut sich der Opa (bereits verstorben) eigentlich, daß ich ihm so ähnlich bin?"

Franzi (drei Jahre): „Mama, ist mein Lied traurig, wenn es niemand hört?"

Mit etwas Übung und Einfühlungsvermögen spürt man die Bedeutung solcher Fragen. Es sind Formulierungen, die in kindlicher Weise die Fragen nach dem Universum, nach unserer aller Herkunft, nach dem Sinn des Daseins und nach Ewigkeit und Endlichkeit konkretisieren.

Es gibt Kinder, die häufig philosophische Äußerungen vorbringen und Fragen stellen, und es gibt andere, die das weniger tun. Unsere jüngere Tochter ist bei uns die Philosophin. Vergleichen Sie dazu folgende Unterhaltungen:

Leonie (drei Jahre) sagt morgens im Bett: „Ach Mami, ich hab dich Licht-, Lampe-, Sonne-lieb!" – „Sonne-lieb?"

„Ja, Liebhaben ist doch ganz was Helles und immer Helleres!"

Beim Abendgebet betet die Mutter vor: „Lieber Gott, mach mich fromm, daß ich in den Himmel komm ..." Leonie spricht nicht mit.

„Was ist Schätzlein?"

„Dieses Gebet mag ich nicht, ich will nicht in den Himmel kommen!"

„Nicht?"

„Nein. Ich will leben!"

Leonie (vierjährig) überlegt: „Weißt du Mami, was mir an den Menschen so gut gefällt? Jeder Mensch hat zwei runde Sachen an sich: den Kopf und den Bauch."

Leonie (vierjährig), die nach einem Tag in Venedig sehr müde ist, sitzt hinten auf dem Autorücksitz und beginnt zu sinnieren: „Das Schönste heute war diese Kirche."

Ihr Vater: „Der Markus-Dom?"

Leonie: „Ich meine den Fußboden, diesen Boden mit den vielen bunten und goldenen Steinen, die riesige Bilder sind."

Vater: „Der hat dir am besten vom ganzen Tag gefallen?"

Leonie: „Nicht nur der Fußboden selbst, ich meine, daß es Leute gibt, die sich so viel Mühe machen und diesen wunderschönen Fußboden in so vielen Tagen voller Mühe zusammenlegen."

Leonie (fünf Jahre) bürstet ihren Teddybär mit der Haarbürste und spricht zu sich selbst: „Bei Teddy ist das wie bei mir, da darf man nicht so fest bürsten und kratzen, da ist man gleich an der Seele."

Welche Wirkung hat das Philosophieren mit Kindern?

Philosophische Gespräche zwischen Erwachsenen und Kindern, bei denen es naturgemäß keine richtigen oder falschen Lösungen gibt, vermitteln mehrere positive Botschaften. Zum einen besteht Gleichheit auf der Beziehungsebene: Keiner weiß mehr! Die Kategorien „richtig" oder „falsch" spielen letztlich keine Rolle. Des weiteren bedeutet dieses Philosophieren ein hohes Maß an Respekt vor dem Kind, weil man Interesse und Bewunderung für dessen eigene Gedanken zeigt. In vielen Gesprächen entwickelt sich Intimität und großes Vertrauen, indem „ungeschützte" Ideen formuliert werden. Ebenso belehren und schulen solche Unterhaltungen das Denken und den Verstand. Das Kind übt, komplizierte Sachverhalte sprachlich auszudrücken. Die Phantasie und das logische Denken werden gleichzeitig gefördert. Beide Gehirnhälften arbeiten zusammen und regen das Gehirn zu Höchstleistungen an, und zwar in jedem Alter und dem Denkvermögen jedes einzelnen Kindes entsprechend. Ferner zeigt man dadurch, daß man selbst an einen wo auch immer angesiedelten „Sinn des Lebens" glaubt. In der heutigen Zeit der Leidenschaftslosigkeit, des „Coolseins", der Techno-Musik, der kurzlebigen Beziehungen, der Ex- und Hopp-Mentalität bei allen Gebrauchsgütern können gedankenvolle Gespräche Vertrauen, Lebensmut und Geborgenheit vermitteln.

Auch wenn man in bestimmten Fragen, z. B. in religiösen Fragen, selbst unsicher ist, kann und sollte man mit seinem Kind darüber sprechen und in diesem Fall die christliche Kultur erläutern. Biblische Geschichten üben eine große Faszination auf Kinder aus, einmal abgesehen von der Sicherheit gebenden und Angst mindernden Funktion beispielsweise von Schutzengeln oder einem *lieben* Gott. Dabei braucht man Mißtrauen, Unsicherheit, Kritik nicht auszusparen: „Viele Leute glauben fest daran. Ich selbst bin mir ehrlich gesagt unsicher." Auf jeden Fall halte ich es für ungeschickt, unseren Kindern eine der wichtigsten philosophischen

Grundlagen unserer Kultur ganz vorzuenthalten bzw. einem oft sehr mittelmäßigen Religionsunterricht zu überlassen.

Natürlich müssen philosophische Unterhaltungen mit Kindern keinen christlichen oder religiösen Inhalt haben. Auch häufige Gespräche über das Leben, das Glück, die Freude, die Natur, die Liebe erzeugen positive Gefühle und Optimismus. Man kann deutlich spüren, welche Kinder zu Hause mit sinngebendem Hintergrund, in einer geistigen Umgebung aufwachsen. Fehlt dieser Background, dann erscheinen einem die Kinder oft verloren, traurig, verzweifelt, aggressiv – wie kleine, haltlose, aus dem Nest gefallene Vögel.

Jeder Mensch entwickelt im Laufe seines Lebens bestimmte Grundsätze und Anschauungen über das Dasein. Diese Werte helfen einem, in unterschiedlichen Situationen oder bei schwierigen Aufgaben das Leben zu bewältigen. Versuchen Sie sich einmal vorzustellen: Sie müßten Ihren Kindern einen Abschiedsbrief schreiben, in dem Sie mitteilen möchten, was man Ihrer Meinung nach zur Lebensbewältigung wissen muß. Dabei stellen sich folgende Fragen: Welchen kurzgefaßten Ratschlag würden Sie Ihren Kindern geben? Wie wird man glücklich in unserer Zeit? Wie findet man Freunde? Wie bekommt man, was man will? Welches sind die eigenen Werte und philosophischen Grundsätze? Darüber können Sie sich mit Ihren Kindern unterhalten.

Solche Gespräche stellen eine hervorragende Möglichkeit dar, die Beziehung zwischen Kindern und Erwachsenen zu festigen und intensive gemeinsame Erfahrungen zu machen. An einzelne dieser Gespräche wird sich Ihr Kind sein Leben lang erinnern!

Wie man mit Kindern philosophiert:

Zunächst ist es bei diesen Gesprächsangeboten wichtig, darauf zu achten, nicht mit einem der „Killer" zu reagieren, d. h. nicht zu belehren, moralisieren, beraten, lächerlich zu machen, zu analysieren, sondern aktiv zuzuhören. Man sollte anfänglich nichts von sich aus dazu sagen, statt dessen sollte man rückfragen, um zu erkennen, ob man richtig verstanden hat, und die Äußerungen des Kindes inhaltlich aufnehmen sowie verbal oder nonverbal positiv bestätigen. Unter Umständen kann man eine weiterführende Frage stellen oder dem Kind seine direkt gestellte Frage zurückgeben. Das könnte so aussehen: „Ich bin mir auch nicht sicher. Was denkst du denn? Wie stellst du es dir denn vor? Was glaubst du? Hm, wie könnte das denn sein?"

Man wird über die kreativen, aber genauen Vorstellungen zu Sinnfragen in den kleinen Köpfen erstaunt sein. Wenn man als Erwachsener eine sichere Auffassung zu einem Thema hat, dann sollte man sie, auch bei kleinen Kindern, deutlich als „Glauben" oder „Meinung" kennzeichnen: „Man weiß es nicht sicher, aber *wir* glauben/sind davon überzeugt, daß ..." Oder: „Also, *ich* stelle mir vor, es könnte so sein. Leider weiß es aber niemand ganz genau, aber *ich* denke ..."

Wie man mit Kindern philosophieren kann, zeigt dieses Beispiel einer kompletten Unterhaltung:

Theresa (fünf Jahre): „Sag mal, Mami, leben eigentlich alle Menschen hier auf dieser Welt?"

Mutter: „Du meinst, ob woanders, z. B. auf dem Mond, auch Menschen leben?" (Rückfragen, ob richtig verstanden wurde)

Theresa: „Ja, oder noch woanders, z. B. im Kopf?"

Mutter: „In deinem Kopf?" (Rückfragen)

Theresa: „Ja, wenn man z. B. träumt, dann meint man doch, es ist alles richtig, also alles echt wahr. Vielleicht ist jetzt alles auch nur im Traum, in einem Kopf, also wir alle ..."

Mutter: „Mhm." (Aktives Zuhören)

Theresa: „Vielleicht im Kopf vom lieben Gott?"

Mutter: „Vom lieben Gott!? Eine ganz fantastische Idee." („Doppeln" und positiv bestärken)

Theresa: „Aber irgendwie müssen wir ja doch richtig dasein, sonst könnte ich ja, also z. B., meine roten Schuhe nicht anfassen und spüren, daß sie voll Matsch sind."

Mutter: „Genau, du könntest den Matsch nicht spüren und kein Eis essen." (Bestätigen, „Doppeln", weiteres Beispiel geben)

Theresa: „Aber unser Hund wäre auch nicht echt gestorben, sondern nur im Kopf von jemandem, vielleicht müßten wir dann nicht ganz so traurig sein."

Mutter: „Interessant." (Bestätigen)

Theresa: „Aber wir sind traurig, und deshalb sind wir echt!"

Wenn man Kinder hat, die seltener philosophische Überlegungen anstellen, kann man das Philosophieren in geeigneten Situationen vorsichtig provozieren und durch entsprechende Fragen fördern:

- Ihr Kind verwendet ein Reizwort wie „Langeweile". Sie können dann fragen: „Weshalb glaubst du, dauert manche Zeit eine ‚lange Weile' und manche Zeit eine ‚kurze Weile'?"
- „Was denkst du, spüren Pflanzen wohl Schmerz, wenn man ihnen die Blätter abreißt?" (Das darf nicht vorwurfsvoll klingen.)
- „Wo steckt denn deine Wut/deine Angst in dir? Wo spürst du sie in deinem Körper?"
- „Warum hat der liebe Gott wohl die Angst gemacht?"
- „Wann bist du am glücklichsten?"
- „Welche Farbe, findest du, paßt zu diesem Namen, zu diesem Menschen?"
- „Was meinst du, welche Farbe paßt zu welchem Gefühl?"
- „Findest du, das Wort ‚Katze' paßt zu diesem Tier?"
- „Was ist ein Wort? Warum heißt ein Stuhl ‚Stuhl'?"
- „Warum haben Tiere keine Worte? Oder haben sie welche?"
- „Was heißt es, etwas zu wissen?"
- „Was ist ‚Wahrheit'? Ist sie wirklich?"

Es gibt noch viele andere Möglichkeiten, mit Kindern zu philosophieren. Beispielsweise kann man Sprichwörter und Redensarten nach ihrem „Sinn" befragen. Viele Geschichten, die bereits kleine Kinder begreifen bzw. erfühlen, eigenen sich gut als Ansatzpunkt für philosophische Gespräche, beispielsweise „Der kleine Prinz" von Saint-Exupéry, „Pu der Bär" von Milne, die Erzählungen von Michael Ende wie „Jim Knopf", „Momo" oder „Die unendliche Geschichte".

Schulkindern könnte man geeignete Artikel aus der Zeitung vorlesen. Dazu eigent sich etwa die Rubrik „Vermischtes" hervorragend: „Unerklärlicher Einsturz eines Hochhauses in Neu Dehli, Vulkanausbruch in Japan, Erdbeben in Chile". – Was bedeuten solche Ereignisse für unsere Welt? Was bedeuten sie für mich? Woher kommen sie? Usw.

Auch die Träume von Kindern kann man sich ausführlich erzählen lassen, indem man ausschließlich zuhört. Hierbei kann man übrigens hervorragend das aktive Zuhören üben, da es uns Erwachsenen erfahrungsgemäß dabei leichter fällt, keine belehrenden Kommentare abzugeben, weil es sich ja „bloß" um Träume handelt.

6.2 Gespräche über Sexualität

Für die sexuelle Aufklärung von Kindern gibt es genügend spezielle Literatur. Daher möchte ich hier nur einige besonders wichtige Aspekte kurz hervorheben.

Über den Zeitpunkt der Sexualerziehung lassen sich nur sehr ungenaue Angaben machen, weil sie bereits beim Baden, Wickeln und Waschen des Säuglings beginnt. Benennen Sie die Geschlechtsorgane z.B. beim Waschen mit den in Ihrer Familie gängigen Bezeichnungen genauso wie andere Körperteile. Ob Sie „Scheide" oder „Muschi", „Glied", „Pimmel", „Schwänzlein" oder „Penis" sagen, spielt keine Rolle. Entscheidend ist der Umstand, daß Sie das Wort ungehemmt benutzen.

Zwischen eineinhalb und zweieinhalb Jahren wird das Kind zum ersten Mal entdecken, daß es noch ein anderes Geschlecht als sein eigenes gibt, d.h. daß die „Mami" eine „Muschi" und der „Papa" vorn ein „Schwänzlein" hat. Dabei ist es wichtig zu erklären, daß der Vater einen Penis *hat*, während die Mutter eine Scheide und eine Gebärmutter *hat*. Der erste Geschlechtsunterschied sollte nicht durch ein „Haben" und „Nichthaben" erklärt werden.

Von Anfang an sollten Kinder heute wissen, woher sie kommen. Geschichten von Klapperstörchen, Babyteichen, Wurstkesseln oder ähnlich Geschmacklosem sind heute absolut out. Sie sollten nicht zögern, den Kleinen zu erzählen, wo die Kinder aus der Mutter herauskommen: „In der Scheide ist ein kleines Loch, das sich sehr weit dehnen kann, und da kann das Baby dann, wenn es im Bauch groß genug gewachsen ist, herausrutschen."

Bis ins Vorschulalter (fünf bis sechs Jahre), in jedem Fall bis zur ersten Klasse, sollten Kinder wissen, wie eine Frau schwanger wird (wie „Babys in den Bauch kommen"). Danach fragen viele Kinder ganz konkret, andere gar nicht, manche indirekt. Für indirekte Fragen muß man ein Gespür entwickeln: „Papa, was passiert, wenn ich in diese Flasche pinkle?" Oder: „Wenn der Mond und die Sonne auf einmal zusammen da wären, würden sie dann Kinder bekommen?" Oder: „Haben die Hundekinder ihren Papi auch lieb?" So oder ähnlich könnten indirekte Fragen nach konkreten sexuellen Vorgängen lauten.

Wenn Ihr Kind noch nicht nachgefragt hat, sollten Sie eine Gelegenheit suchen, um ihm dieses sexuelle Grundwissen nahezubringen. Vielleicht zeigt das Kind noch kein Interesse für die Sexualität und vergißt Ihre Erläuterungen gleich wieder oder versteht sie gar nicht genau – beides ist egal. Vielmehr kommt es darauf an, daß das Kind dieses intime Thema einmal von Ihnen zuhause und in Ihren liebevollen Worten gehört hat. Dann kann es auch mit den Ausdrücken auf der Straße, mit denen es unweigerlich konfrontiert wird, umgehen. Die Botschaft sollte sein: „Ich vertraue dir. Du kannst mir vertrauen und mit mir über Sexualität reden."

Sexualität ist etwas Normales und „lebt" von Liebe, Vertrauen, Lust, Freude, Zärtlichkeit und Intimität, nicht von gemeinen, aggressiven, brutalen, peinlichen, ordinären Spott- und Schimpfwörtern.

Gelegenheiten für sexuelle Aufklärung gibt es reichlich: die eigene Schwangerschaft, eine schwangere Bekannte, eine Geschichte, ein Buch, ein Bild, ein Film. Natürlich muß jeder seine eigenen Worte finden, aber die Erklärung könnte ungefähr so lauten:

„Hast du es schon bemerkt, Maxi, die Hanna bekommt wieder ein Baby."

„Ja, die hat schon 'nen riesigen Bauch!"

„Hab' ich dir eigentlich schon mal erzählt, wie das Baby da reingekommen ist?"

„Nö, das wächst da halt."

„Es wächst da, aber nicht von ganz allein. Das wächst da, weil der Bernd und die Hanna sich sehr liebhaben und sich ganz eng im Bett zusammen kuscheln. Sie streicheln sich und küssen sich. Dabei wird manchmal das Glied vom Mann ganz fest und steif. Und wenn sie ganz nahe beisammen liegen, schiebt er ihn in die Scheide, bis zu der Stelle im Bauch, wo bei einer Frau die Babys wachsen. Das ist ein sehr schönes Gefühl für den Mann und für die Frau. Dabei fließt dann ein wenig Samen in den Bauch, und aus diesem Samen wächst dann das Baby."

Wenn das Kind schon sechs oder sieben Jahre alt ist, kann man auch von den Eizellen („den winzig kleinen Eiern in Mamas Bauch") berichten. Weitere Details erscheinen mir als verfrühte Informationen: Von Gebärmüttern und Eierstöcken, Stellungen und Orgasmen sollten Sie noch nichts erzählen. Erzählen Sie nur das Notwendigste mit wenigen Worten!

Noch ein Beispiel, das sich etwa so anhören könnte:

„Wenn ein Mann und eine Frau schmusen und im Bett zusammen kuscheln, wird das Glied vom Mann ganz steif. (Bei Jungen: Das kennst du ja auch schon bei dir.) Beide möchten dann gerne, daß der Mann sein Glied in die Scheide von der Frau schiebt. Das ist für beide ein wunderschönes und angenehmes Gefühl. Dabei fließt etwas Samen, der in den Hodensäckchen ist, durch das Glied in den Bauch der Frau. Dort warten schon viele, winzig kleine Eier auf den Samen, und aus den beiden zusammen wird manchmal ein kleines Baby. Das wächst dann im Bauch, bis es geboren wird."

Bei der Aufklärung ist ganz wichtig, daß sie liebevoll klingt, sachlich richtig und kindgerecht ist. Die Botschaft muß sein: „Komm' zu mir, wenn du weitere Fragen dazu hast!"

Zu diesem Thema gibt es ein sehr schönes Bilderbuch: „Peter, Ida und Minimum" von G. Fagerström/G. Hanson. Es beschreibt ausführlich den gesamten Vorgang: die Zeugung, die Schwangerschaft, die Geburt und das Leben mit dem Baby. Das Buch eignet sich bereits für Vierjährige, hat Comic-Charakter, ist ohne Kitsch bebildert und gibt sehr gute Erklärungen. (Falls Sie ein solches Buch benutzen, können Sie die Seiten, die noch nicht besprochen werden sollen, mit Tesafilm zukleben.)

Ab dem Schulalter sollten die Informationen über die menschliche Sexualität Schritt für Schritt differenzierter werden: Erklärungen über die Monatsregel, andere sexuelle Begriffe (siehe Kapitel 4.4), Orgasmus, Homosexualität etc. Über Verhütungsmittel sollte Ihr Kind spätestens bei beginnender Regelblutung aufgeklärt sein.

Wie aber reagieren, wenn ein kleines Kind die Eltern beim Geschlechtsverkehr „erwischt"? Man wird wohl unterbrechen und kann dann ganz normal sagen: „Papi und Mami schmusen gerade." Dann gibt es die Möglichkeit zu sagen: „Bitte geh wieder in dein Zimmer!" Oder: „Bitte laß uns noch ein bißchen allein!" Oder: „Du kannst gerne hereinkommen." – Je nach Situation. Bedrohlich empfindet ein Kind nicht den Akt selbst, sondern wenn Vater oder Mutter dabei stöhnt, schreit, für kleine Ohren seltsame Dinge sagt und ähnliches. Auch wenn es den Eindruck hat, die Eltern tun sich gegenseitig weh. Kinder im Kindergartenalter begreifen im Moment meistens noch nicht, was sie da sehen – auch wenn sie es theoretisch schon wissen. Wenn es erschrickt, weil die Situation irgendwie gewalttätig aussah, kann man nachträglich mit ihm darüber sprechen, etwa: „Du bist erschrocken heute morgen, als du ins Schlafzimmer kamst? Der Papa und ich haben nur geschmust und gespielt." – „Habt ihr auch gerauft?" – „Auch ein bißchen, im Spiel ... wir haben uns sehr lieb, du brauchst dir keine Sorgen zu machen."

7. „Hilfe, mein Kind spricht noch so schlecht" – Wie man Sprachverhalten fördern kann

Wie jeder Prozeß verläuft auch die Entwicklung der Sprache bei jedem Kind unterschiedlich. Normalerweise benutzt ein einjähriges Kind zwei bis vier Wörter: meistens „Mama", „Papa", „Ham-ham", vielleicht „Auto" oder „Ada-ada" (für Spazierengehen). Es beginnt zu begreifen, daß „Mama" nur diese eine Frau ist und warum alle lachen, wenn es zu anderen Männern „Papa" sagt. Unter „Wau-Wau" versteht es vorläufig jedes kleine, verbeinige, wuschelige Tier.

Mit eineinhalb Jahren benutzen Kinder ungefähr 30 Wörter korrekt, unter anderem ihren eigenen Namen, wenn auch in eigener Variante. Sie sprechen in sogenannten Zwei-Wort-Sätzen, die bis ins zweite Lebensjahr beibehalten werden. „Nani Ham-ham" bedeutet, daß Alexander etwas essen will. „Papa Autu" versteht jeder, wenn gerade zu hören ist, daß der Vater aus der Tiefgarage herausfährt. Viele Zweijährige benutzen bereits ungefähr 200 Wörter aktiv, d.h. sie verstehen wesentlich mehr Ausdrücke, aber verwenden selbst nur 200 Begriffe.

Das Alter zwischen eineinhalb und vier Jahren gilt als die entscheidende Zeit der Sprachförderung! Denn bis zum vierten Lebensjahr entwickelt sich die Anlage des Sprachzentrums im Gehirn vollständig. Diese Entwicklung gilt es jetzt möglichst differenziert zu unterstützen. Dazu gibt es einige Tips.

Zunächst gilt: möglichst viel, aber nicht zu schnell und zu lang mit dem Kind sprechen. Sprache entwickelt sich zunächst über Nachahmung und Bestätigung durch die Eltern.

Im zweiten Schritt bedeutet dies, eine richtige Formulierung immer wieder aufzugreifen und wiederholen zu lassen.

Mutter: „Sag mal ‚Mama'."

Kind: „Törödel ..."

Mutter: „Mama, Mama."

Kind: „Hammamam ..."

Mutter lächelt begeistert: „Ja, Mama, Mama."

Kind: „Mamamam."

Man kann das Kind immer wieder auffordern, Worte nachzusprechen.

Nach dem zweiten Geburtstag wird das Kind von sich aus ständig zu fragen beginnen: „Is' das?" (Bedeutung: „Was ist das? Wie nennt man das?"). Spätestens jetzt braucht man einen Bibliotheksausweis oder einen Freundeskreis, in dem man Bilderbücher (Benennungsbilderbücher, z.B. Mitgutsch, E. Scherbart usw.) austauscht. Für viele Kinder ist „Nina Buch ansaun" jetzt die schönste Beschäftigung.

Es ist sehr wichtig, daß man das Kind nicht durch lange, schnell gesprochene und komplizierte Sätze *„totredet"*, besonders wenn man als Elternteil selbst gern und viel spricht. Wenn man dann noch die Sätze ohne Luftholen, ohne Punkt und Komma aneinanderhängt, dann hat das Zweijährige keine Chance, selbst etwas zu formulieren. Am besten fördert man das Kind durch ein ausgeglichenes Maß an Unterforderung (Bekanntes) und *Überforderung* – das gilt im übrigen für alle Bereiche der Erziehung. Ist etwas zu leicht oder zu schwer, entzieht man sich der Aufgabe, und das Lernen macht keinen Spaß mehr. Das kennt jeder von sich selbst.

Damit sind zwei Gründe für sprachliche Fehlentwicklung genannt: die Unter- bzw. Überforderung des Kindes und das zu schnelle, komplexe Sprechen der Erwachsenen. Das Zwei- oder Dreijährige, das denkt „So gut wie Mama kann ich es nie" wird nicht beginnen zu sprechen. Stellen Sie sich vor, sie sollten mit jemandem Ski fahren, kochen, Klavier spielen, Auto fahren, der das zehnmal besser kann als Sie – da hat man von vornherein keine Lust.

Ein weiterer Grund für verspätetes Sprechen könnte sein, daß die *Sprechorgane* (Stimmbänder, Zunge, Kehlkopf, Muskulatur) *nicht ausreichend entwickelt* sind. Das Sprechen wird dann nur langsam und durch Übung gefördert. Manche Zweijährige haben daher einfach *keine Lust* am Sprechen, nach dem Motto: „Was man nicht kann, macht keinen Spaß!" Ihr Verhalten wird dadurch begünstigt, daß sie schnell lernen, sich anders verständlich zu machen, z. B. durch Gesten und Wortfetzen, und ansonsten alles verstehen.

Wenn ein Kind mit eineinhalb bis zwei Jahren allerdings überhaupt nichts nachspricht, wird es schwierig. Dann muß man vom Kinderarzt das Gehör differenziert und sehr gründlich untersuchen lassen. Denn es kommt immer wieder vor, daß Kinder später sprechen als normal, weil sie schlecht oder kaum etwas hören. Man muß bei solchen Kindern gemeinsam beobachten, ob sie die Worte wenigstens passiv aufnehmen. Es gibt aber auch Kinder, die aus einem der obengenannten Gründe lange überhaupt nichts sprechen und Sie dann plötzlich mit dreieinhalb Jahren mit einem richtigen langen Satz überraschen.

Bei manchen Kindern manifestiert sich die Unterentwicklung der Sprechorgane oder die Überforderung durch die Sprechgeschwindigkeit im Stottern oder Stammeln.

Unter „Stammeln" versteht man die Unfähigkeit, einzelne Buchstaben korrekt auszusprechen, die durch andere, „leichtere" Buchstaben ersetzt werden: „Ich tomme dleich."

„Stottern" nennt man das häufige Wiederholen einzelner Silben, Wortteile oder Wörter, um sie zu einem Satz zusammenzufügen. Es kann daran liegen, daß ein Dreijähriges oft schneller denkt, als es formulieren kann. Stotternden Kindern sollte man viel Zeit zum Sprechen lassen und viel zuhören. Lieder und Reime, insbesondere in Kombination mit Bewegung, erweisen sich als gute Übungsmittel. Meistens hören diese leichten Sprachstörungen von sich aus spätestens zwischen dem vierten und fünften Geburtstag auf. Wenn das nicht der Fall ist, dann sollte man einen Logopäden aufzusuchen, damit das Kind zum Schulbeginn korrekt sprechen kann.

Die Sprachentwicklung Ihrer Kinder können Sie fördern, indem Sie folgende Punkte beachten:

- Sprechen Sie langsam und verständlich. Nach dem ersten Lebensjahr sollte man keine „Ammen- bzw. Babysprache" mehr benutzen, sondern normal und kindergerecht sprechen. Statt „ham-ham", „tut-tut" oder „heia-heia" also sagen: „Franziska und Mami essen." „Da kommt ein großes Auto." „Laura geht ins Bettchen."
- Man sollte Fehler nicht korrigieren („Nicht Tinderdatten, das heißt Kindergarten"), sondern das Gesagte richtig wiederholen, also: „Ja, das Kind geht in den Kindergarten."
- Schon im Babyalter können Sie Handlungen durch Sprechen begleiten: „Jetzt ziehen wir das Hemdchen an, so, den Kopf durchstecken, und jetzt die Ärmchen."
- Reagieren Sie nicht vorschnell auf Gesten, sondern warten Sie ab und lassen das Kind sich artikulieren.
- Benutzen Sie neue Ausdrücke. Loben, bestätigen, wiederholen Sie das Gesagte.
- Bilderbücher sind unersetzlich, um das erste Benennen zu üben: „Ein Bauernhof, ein Traktor, eine Muh-Kuh, ein kleines Schweinchen, ein Kind, das spielt mit einem Ball, usw." oder „Siehst du den Bauern? Wo ist der Misthaufen? Wo ist der kleine Junge mit dem Kätzchen?" Ab zweieinhalb Jahren können erste Oberbegriffe geübt werden: „Wo siehst du überall Tiere? Welche Fahrzeuge kennst du auf dem Bild? Wo ist das Geschäft mit den Spielsachen, den Anziehsachen?"
- Im Alter von zweieinhalb Jahren können Sie beginnen, kleine Geschichten zu erzählen. Und ab drei Jahren gilt: Geschichten, Geschichten und nochmals Geschichten erzählen (auch auf Kassette). Jetzt kann man auch mit Märchen beginnen, die man am besten vorliest oder selbst erzählt, weil sie oft Ängste bei den Kindern hervorrufen.

Hierzu kann man sich merken: Ängste, die Kinder nicht schon haben, werden auch vom Märchen nicht ausgelöst. Allenfalls werden Ängste oder Themen aktualisiert, die das Kind in sich trägt, die ihm vielleicht selbst nicht bewußt sind und so eventuell zu Schlafstörungen führen. Durch das Märchen werden sie ausgedrückt, das Kind wird nachfragen, und so können sie besprochen und bearbeitet werden. Außerdem wird man erleben, daß Kinder im Märchen andere Dinge fürchten und andere Stellen grausam finden als wir Erwachsene. Wenn wir bei der Verbrennung der Hexe in „Hänsel und Gretel" an Hexenverfolgungen im Mittelalter erinnert werden, dann findet das dreijährige Kind die Stelle am schrecklichsten, an der die Eltern Hänsel und Gretel allein im Wald zurücklassen! Eine Erklärung dafür ist der Trennungsschmerz, den das Kind real beim Kindergarteneintritt erlebt. Das ist sein augenblickliches Thema.

- Besonders wichtig sind: Fingerspiele, Sprechreime, Lieder, Tanzlieder. In Verbindung mit Bewegung und Bildern lernen Kinder Sprache am besten.
- Veranstalten Sie Zwiegespräche mit Hand- und Fingerpuppen. Hierbei handelt es sich um eine Vorform des (Kasperl)-Theaters. Mit drei bis vier Jahren vermag Ihr Kind ein Puppentheater, bei dem es eine Stunde still zusehen muß, noch nicht zu verarbeiten. Marionetten und Handpuppen erzeugen durch ihre überzeichneten Charaktergesichter und dadurch, daß sie sich „von selbst" bewegen, oft Angst. Selbst eine lustige Handlung wird daher oft nicht verstanden. Beginnen Sie bei Ihren Vierjährigen mit ganz kurzen, selbst erdachten Stücken mit zwei bis vier Figuren: „Das Krokodil klaut Gretel eine Brezel, und Kasperl erobert sie zurück" (Dauer: acht bis zehn Minuten). Wenn Sie bereits jetzt ins Theater gehen wollen, dann sollten es Vorstellungen mit Schauspielern, also mit Menschen auf der Bühne sein. Wählen Sie dann einfache Geschichten, die das Kind schon aus Büchern kennt, z. B. „Kleiner Bär" und „Kleiner Tiger" (von Janosch), „Pippi Langstrumpf" usw.

- Erste Rollenspiele, die Dialoge erfordern, können Sie selbst anregen.
- Man kann auch Sprachspiele erfinden. Dafür sind Memory-Kärtchen sehr geeignet: „Wer findet den Ring?"; „Was ist das?" (ein Kärtchen hochhalten) – „Das ist ein Draufsitzer." – „Genau, da kann man draufsitzen. Er heißt Sessel." Oder man kann nach Oberbegriffen suchen: „Was alles sind Tiere?", „Was kann man alles essen?" Oder Reime finden: „Wer findet ein Reimwort zu ‚Puppe' (‚Suppe'), zu ‚Hase' (‚Nase') etc.?"
- Mit Kindern im Vorschulalter schon recht differenziert reden und ihnen viel zuhören (sie also reden lassen)! Es gibt viele Untersuchungen über den Zusammenhang von Sprachförderung im Kindergartenalter und dem späteren Schulerfolg.

Zum Abschluß noch eine Frage, die viele Eltern stellen: Soll oder darf man Dialekt mit Kindern sprechen? Meiner Ansicht nach ja, aber nicht ausschließlich. Sie können je nach Situation Dialekt und/oder Hochdeutsch mit dem Kind sprechen, ähnlich wie bei zweisprachiger Erziehung. Dabei fördert viel Vorlesen die Sprachkenntnisse im Hochdeutschen. Oder Sie machen es so: Ein Elternteil spricht nur Dialekt, der andere nur Hochdeutsch mit den Kindern.

Ein Kind, das nie erfahren hat, daß z. B. die Äußerung „Sach ma jans älich" im Hochdeutschen „Sag mal ganz ehrlich" lautet oder „Mei, dem schaug o!" „Oh, den schau dir an!" meint, wird sich in der Schule sehr schwer tun.

8. Wo und wie im Alltag anfangen?

8.1 Eine praktische Zusammenfassung

Wenn Sie dieses Buch jetzt zu Ende gelesen haben, denken Sie vielleicht: Das ist ja alles unglaublich viel und kompliziert und im Alltag schwer umzusetzen, weil man im spontanen Gespräch kaum auf theoretische Regeln achten kann. – Nun, Sie haben recht!

Konstruktive Gesprächsführung zu erlernen dauert Jahre! Es passiert mir immer wieder, daß ich mit „Killern“ reagiere, mich bei einer fürchterlichen Du-Botschaft ertappe oder die Kinder mit langen Reden überschütte. Aber es fällt mir sofort auf. Der erste Schritt ist zu lernen, sich selbst zu beobachten: „*Wie* spreche ich im Moment mit meinem Kindern?“ In einem nächsten Schritt können Sie sich einen Punkt (auch einen kleinen) heraussuchen, auf den Sie besonders achten wollen. Beispielsweise bemühen Sie sich um Ich-Botschaften, oder Sie versuchen, den Mund zu halten und nur zuzuhören, wenn das Kind etwas erzählt. Oder Sie entschließen sich zu versuchen, weniger auf die Beziehung als auf die Selbstdarstellung, also das Gefühl des Kindes, zu reagieren. Wahrscheinlich haben Sie beim Lesen bereits gespürt, wo bei Ihnen der „Knackpunkt“ liegt.

Wenn Ihr Kind auf Ihr verändertes Verhalten gar nicht oder negativ, spöttisch und ablehnend reagiert („Geh, du mit deiner Psychologisiererei“), dann gibt es zwei Möglichkeiten:

1. Sie haben methodisch etwas ungeschickt gemacht. Das geschieht anfangs sehr oft! Wenn man eine bestimmte Praktik übt, kann auch die positivste Ich-Botschaft ein wenig linkisch klingen. Das „Doppeln" oder „Spiegeln" („aktives Zuhören") kann peinlich und aufgesetzt wirken. Es erfordert Übung, Sensibilität und Sprachgefühl, um den richtigen Moment zu erwischen und nicht die unpassenden Sätze zu „doppeln".

Nehmen Sie folgendes Beispiel: Nina (14 Jahre) kritisiert: „Es nervt, daß du immer rumkommandierst, wann ich meine Hausaufgaben machen soll." Sie antworten nach der Methode des Doppelns: „Wann du deine Hausaufgaben machen sollst?" – Mit einer solchen Antwort verfehlen sie ihr Ziel gänzlich. Bestenfalls läßt Sie Nina, vielleicht kopfschüttelnd, stehen. Hier wäre es sinnvoll, mit einem „Türöffner" und einer klaren Ich-Botschaft zu reagieren.

2. Wenn Ihr Kind auf ein gelungenes „Spiegeln", auf eine ehrliche, freundliche oder bittende Ich-Botschaft negativ reagiert, dann haben Sie ein neues Thema auf dem Tisch! Es ist nun an der Zeit, über die gegenseitige Beziehung zu sprechen.

Reden Sie ab und zu über Ihr Verhältnis zueinander und warten Sie nicht, bis der Kontakt ganz schwierig ist. Wie oft sagen Sie sich gegenseitig, daß Sie sich liebhaben, mögen, schätzen. Wie oft machen Sie sich ein Kompliment? Wie oft sagen Sie sich, was Sie am anderen stört? Solche regelmäßigen Gespräche sind besonders bei Jugendlichen wichtig.

Dazu ein Tip für den Alltag: Formalisieren Sie das Sprechen über Ihre Beziehung, machen Sie ein Spiel daraus. Beispielsweise auf einem gemeinsamen Familienspaziergang oder bei einer Autofahrt: Jeder sagt jedem in einer klaren Ich-Botschaft, was ihn am anderen in der letzten Zeit gestört und gefreut hat, was ihn im Moment an sich selbst stört. Der „Empfänger" darf nichts dazu sagen und sich nicht rechtfertigen; er hört sich den „Sender" nur an. Die meisten Kinder lieben dieses Spiel und wollen es immer wieder spielen. Es könnte so ablaufen:

„Mami, an dir hat mich gestört, daß du mich so wegen der Mathe-Arbeit beschimpft hast. Da bekomme ich immer mehr Angst, und es macht mich ganz verzweifelt, daß dich das auch so fertig macht. An dir gefreut hat mich, daß du mit mir in den Film ab zwölf Jahre gegangen bist und daß ich immer bei dir im Bett kuscheln durfte, wenn ich mich gruselig fühlte. An mir selbst stört mich irgendwie schon auch, daß ich zur Zeit so wenig Bock zum Lernen habe. Ich kann mich irgendwie einfach nicht konzentrieren."

Es ist ganz wichtig, daß diese Ausführungen von keinem der Zuhörenden kommentiert werden, außer durch „Aha", „Interessant", also „Türöffner". Danach hat der nächste Gelegenheit, sich auszusprechen. Am Ende sollte jeder zu jedem und über sich selbst etwas gesagt haben. Vielleicht können Sie sich vorstellen, wie dieses Spiel Nähe und Vertrauen fördert.

Und bitte denken Sie daran: Nicht alle Erziehungs- und Partnerprobleme lassen sich ausschließlich auf der Kommunikationsebene lösen. Es gibt grundlegende, strukturelle oder emotionale Konflikte, die Erkenntnisse, Handlungen, Entscheidungen und Maßnahmen verlangen, bei denen eine geeignete Gesprächsführung nur unterstützend wirkt. Z. B. erfordert starke Eifersucht in der Familie neben entsprechender Kommunikation eine verstärkte Zuwendung. Spätes Einnässen oder Schulschwierigkeiten verlangen Handlungen. Kinder lernen besser aus den Folgen als aus Strafen und Verboten. Wirksam sind ebenso Verhaltensweisen wie Hilfsbereitschaft, Ehrlichkeit usw. sowie Vorbilder. Problembewältigung erfolgt nicht nur durch Kommunikation, sondern auch durch praktische Handlungen und das Verhalten der Eltern.

Allerdings beugt geeignete, liebe- und respektvolle Kommunikation (verbaler und nonverbaler Austausch von Informationen) mit Sicherheit den meisten Problemen vor. Sie hilft Schwierigkeiten zu vermeiden und Konflikte zu lösen. Ein Kind, das nicht destruktiv beschimpft wird, dürfte die Eltern nicht oder nur ganz selten belügen. Ein Jugendlicher, dem trotz aller spleenigen, pubertären Ideen wohlwollend zugehört wird und den man nicht mit „Killern" überschüttet, wird sich nicht bockig und frech zurückziehen.

Die Strategien für Konfliktlösungen und Auseinandersetzungen, die notwendige Lernerfahrungen für jeden jungen Menschen sind, lernt man im Elternhaus. Nur wir Eltern können unseren Kindern zeigen, wie man sich erfolgreich durchsetzt, ohne den anderen zu unterdrücken und eine für alle letztlich unbefriedigende Winner-Looser-Situation herzustellen.

Klar, eindeutig und höflich kommunizieren zu können, sich differenziert und der Situation angemessen ausdrücken und Konflikte verbal lösen zu können, sind heute wichtige Fähigkeiten, auch im späteren Berufsleben. Diese erlernt man nicht auf dem Gymnasium und nicht in der Universität, sondern im Elternhaus, weil sie Sensibilität für sich und andere, Intelligenz, Allgemeinbildung und „Herzensbildung" (ein etwas altmodisch klingender Begriff) erfordern. Nach einer großen Untersuchung zu Beginn der 90er Jahre bewerten 77 Prozent aller Firmenchefs eine gute Kommunikationskompetenz als die wichtigste Fähigkeit im Berufsleben; das fachliche Können kommt erst an zweiter Stelle.

Ein letzter Tip für den Alltag: Sie werden selbst schon bemerkt haben, daß viele Vorschläge für ein verändertes Gesprächsverhalten auch für die Kommunikation mit Erwachsenen, sprich dem Partner und den Freunden, gelten. Auch der Partnerschaft schadet es nicht, das gegenseitige Gesprächsverhalten zu überdenken. Kinder brauchen Vorbilder, d. h. die Möglichkeit, guten Gesprächen zuzuhören.

8.2 Fünfzehn kurze Punkte

1. „Erziehung heißt Beziehung" (Martin Buber). Vermeiden Sie möglichst alles, was die Beziehung zu Ihrem Kind, die sicherlich engste Beziehung in Ihrem Leben, zerstören könnte.

2. Fragen Sie sich immer wieder, insbesondere in anstrengenden Zeiten, was Sie an Ihren Kindern lieben, was Ihre Kinder gut können, worauf Sie stolz sind. Vermitteln Sie ihnen diese Gefühle stets von neuem. Loben Sie mindestens einmal am Tag deutlich und konkret.

3. Sie dürfen Ihrem Kind vertrauen! (Denn es vertraut auch Ihnen.) Sie können davon ausgehen, daß es Ihnen grundsätzlich keine Schwierigkeiten bereiten will – es ist ja von Ihnen abhängig. Ihr Kind ist höchstens traurig oder verwirrt, wenn es sich beleidigt oder gedemütigt fühlt.

4. Versuchen Sie, freundlich und höflich zu kommunizieren. Dadurch stärkt man das kindliche Selbstwertgefühl. Wenn Sie sich ärgerlich fühlen, dann können Sie das klar und deutlich mitteilen, anstatt es ihn indirekt spüren zu lassen.

5. Sprechen Sie mit Ihrem Kind immer wieder darüber, *wie* sie miteinander sprechen und umgehen, wie Ihre Beziehung augenblicklich ist. Tun Sie dies insbesondere auch in scheinbar verfahrenen Situationen.

6. Üben Sie, in Ich-Botschaften zu reden. Drücken Sie Ihre Empfindungen (Freude, Stolz, Wut, Hilflosigkeit, Sorge usw.) klar aus.

7. Wenn Sie das Gefühl haben, in Ihren Gesprächen läuft etwas schief, dann denken Sie an die vier Kommunikationsebenen: Inhalt, Selbstdarstellung, Beziehung, Appell. Melden Sie dem anderen zurück, was Sie verstanden haben. Reagieren Sie oft auf die Selbstdarstellungsebene.

8. Versuchen Sie, öfters zu schweigen und aktiv zuzuhören. Vermeiden Sie „Killer".

9. Bemühen Sie sich, sich in jeder Situation kongruent zu verhalten, d.h. in Übereinstimmung mit Ihren Gefühlen. Schimpfen Sie nicht aus erzieherischen Gründen, wenn Sie die Situation witzig finden. Aber schreien Sie, wenn Sie wütend sind und Ihnen danach zumute ist – und dann möglichst in Ich-Form.

10. Fordern Sie Ihr Kind zur Kritik auf! Zeigen Sie ihm durch Ihr Vorbild, wie man konstruktiv kritisiert: durch Ich-Botschaften („Mich stört ...“; „Mir würde besser gefallen, wenn du ...“). Beschreiben Sie das konkrete Verhalten, formulieren Sie Ihren Wunsch.

11. Erzählen Sie gelegentlich von sich selbst, wie es Ihnen geht, was Sie beschäftigt, was Sie sich wünschen. Auch Geschichten aus Ihrer Kindheit sind für die Kinder meistens sehr interessant.

12. Bemühen Sie sich, ein wenig in der Sprache der Kinder zu sprechen. Dabei muß man nicht gleich jedes Modewort („megacool“, „geil“) übernehmen.

13. Denken Sie bitte daran: Kinder dürfen Fehler machen, genauso wie Eltern. Auch Sie müssen nicht perfekt sein! Kinder brauchen Ihre Liebe, Anerkennung, Humor und Großzügigkeit, so viel wie Sie geben können.

14. Versuchen Sie generell, in Ihrer Elternrolle „entspannt“ zu bleiben! Handeln Sie weniger mit Kraft als mit Einfühlung. Machen Sie sich durch nervige, aber unnötige Forderungen, die den Alltag erschweren, keinen Streß. Setzen Sie freundlich, aber deutlich frühzeitig Grenzen!

15. *Eltern sind wichtig!* Achten Sie auf sich! Wenn Sie sich entnervt, ausgebrannt, gestreßt fühlen, sich nur noch nörgeln und herumschreien hören, dann suchen Sie sich unbedingt

Abhilfe. Tun Sie etwas für sich, suchen Sie eine „Tankstelle". Elternsein ist phasenweise anstrengend! Wenn Sie selbst leer sind, können Sie nichts geben.

Die beste Mutter ist diejenige, die genausoviel für sich tut wie für ihre Familie. Am glücklichsten und zufriedensten sind Ihre Kinder, wenn *Sie* glücklich und zufrieden sind.

Literatur

1. Erwähnte Literatur

1. Friedrich Thiemann, Angriffe – Kinder erleben Erziehung, Reinbek 1993

2. Virginia Satir, Selbstwert und Kommunikation. Familientherapie für Berater und zur Selbsthilfe, München 12. Aufl. 1996

3. Paul Watzlawick, Menschliche Kommunikation, Stuttgart 8. Aufl. 1990

4. Friedemann Schulz von Thun, Miteinander reden. Störungen und Klärungen, Reinbek 1981

5. Thomas Gordon, Familienkonferenz. Die Lösung von Konflikten zwischen Eltern und Kind, München 1989

6. Carl Rogers, Die nicht-direktive Beratung, Frankfurt a.M. 8. Aufl. 1995

7. Jan Uwe Rogge, Kinder brauchen Grenzen, Reinbek 1993

8. Vera F. Birkenbihl, Stroh im Kopf? Vom Gehirn-Besitzer zum Gehirn-Benutzer, Speyer 22. Aufl. 1995

9. Martin Waddell, Barbara Firth, Gehen wir heim, kleiner Bär, München 1991

10. Vera F. Birkenbihl, Birkenbihl-Reader, Speyer 1992

11. Lotte Schenk-Danziger, Entwicklungspsychologie, Wien 1977

2. Empfehlenswerte Literatur

Thomas Gordon, Familienkonferenz. Die Lösung von Konflikten zwischen Eltern und Kind, München 1989

Friedemann Schulz von Thun, Miteinander reden. Störungen und Klärungen, Reinbek 1981

Jan Uwe Rogge, Kinder brauchen Grenzen, Reinbek 1993

Cornelia Nitsch, Das andere Erziehungsbuch, München 1990

Kinderwünsche wahrnehmen

Helen I. Bachmann
Kinderfreundschaften – Start ins Leben
192 Seiten, Paperback
ISBN 3-451-23572-2

Patricia H. Berne/Louis M. Savary
Kinder brauchen Selbstvertrauen
Tips und Ratschläge für Eltern
Aus dem Amerikanischen von Peter Brandenburg
160 Seiten, Paperback
ISBN 3-451-23752-0

Armin Krenz
Was Kinderzeichnungen erzählen
Kinder in ihrer Bildsprache verstehen
Mit 8 Farbtafeln und zahlreichen s/w-Abbildungen,
192 Seiten, Paperback
ISBN 3-451-23695-8

Norbert Gürtler/Doro Kammerer
Stillwerden und entspannen
Übungen und Vorlesegeschichten zum autogenen Training mit Kindern
128 Seiten, Paperback
ISBN 3-451-23638-9

Gisela Preuschoff
Kinder zur Stille führen
Meditative Spiele, Geschichten und Übungen
160 Seiten, kart.,
ISBN 3-451-23897-7

Gertrud Kaufmann-Huber
Kinder brauchen Rituale
Ein Leitfaden für Eltern und Erziehende
160 Seiten, Paperback
ISBN 3-451-23574-9

Cordelia Alber-Klein/Regina Hornberger
Das Bach-Blüten-Buch für die Familie
Kinder und Eltern entdecken sich selbst
Mit Farbabbildungen der 38 Bach-Blüten,
160 Seiten, Paperback
ISBN 3-451-23787-3

Heide Häberle/Dietrich Niethammer
Leben will ich jeden Tag
Leben mit krebskranken Kindern und Jugendlichen
Erfahrungen und Hilfen
272 Seiten, Paperback
ISBN 3-451-23112-3

Lone Hertz
Ich sage nichts, weil ich mich vor der Welt fürchte
Eine Mutter baut ihrem autistischen Sohn Brücken ins Leben
Aus dem Dänischen von Ilse Bauer
256 Seiten, Paperback
ISBN 3-451-23742-3

Daniela Tausch-Flammer/Lis Bickel
Wenn Kinder nach dem Sterben fragen
Ein Begleitbuch für Kinder, Eltern und Erzieher
176 Seiten, Paperback
ISBN 3-451-23141-7

HERDER

Entdeckungen für Eltern und Kinder

Felizitas von Schönborn
Astrid Lindgren – Das Paradies der Kinder
200 Seiten, gebunden mit Schutzumschlag
ISBN 3-451-23644-3
Eine faszinierende Frau erzählt über ihr Leben.

Mütter sind ganz besondere Frauen
Für alle Muttertage des Jahres
Hrsg. von Karin Lichtenauer
160 Seiten, gebunden
ISBN 3-451-23639-7
Für alle, die einer Mutter eine Freude machen wollen.

Ein Vater, wie er im Buche steht
Entdeckungen für junge Väter
Hrsg. von Thomas Knubben und Werner Knubben
160 Seiten, gebunden mit Schutzumschlag
ISBN 3-451-23755-5
Höhenflüge und Aufregungen der Väter von heute.

Großvater ist der Größte
Geschichten und Tips für die neuen Großväter
Hrsg. von Maja Überle-Pfaff
160 Seiten, gebunden mit Schutzumschlag
ISBN 3-451-23643-5
Geschichten von alten und jungen „Opas" machen Lust, selbst so ein richtig toller Großvater zu werden.

Christian Meyer/Daniela Liebig
Wenn Mann ein Kind bekommt
Was werdende Väter in der Schwangerschaft erleben
160 Seiten, gebunden mit Schutzumschlag
ISBN 3-451-23522-6
Das ultimative Geschenkbuch für werdende Väter.

HERDER